Der Gegenstand.

Sonderdruck aus:
Drei Beiträge zum bürgerlichen Recht.

Heinrich Degenkolb
zum fünfzigjährigen Doktorjubiläum

im Auftrag der Leipziger Juristenfakultät

dargebracht
von
R. Sohm, E. Hölder, E. Strohal.

Der Gegenstand.

Ein Grundbegriff

des

Bürgerlichen Gesetzbuches.

Von

Rudolph Sohm.

Leipzig,
Verlag von Duncker & Humblot.
1905.

Lieber Freund!

Zu Deinem Jubeltag habe ich Dir diesen kleinen Aufsatz geschrieben. Es ist immer Deine Art gewesen, neue, noch wenig betretene Wege zu gehen und Ziele zu zeigen, die jenseits der den gewöhnlichen Horizont begrenzenden Berge liegen. Deinem Vorbilde möchte dieser Versuch wenigstens insofern nacheifern, als er ein bisher noch kaum bearbeitetes Thema zu seinem Vorwurf wählt. Derjenige „allgemeine Teil" unseres bürgerlichen Rechts, der nicht in dem „allgemeinen Teil" des Gesetzeswerkes enthalten, sondern in den Tiefen der fünf Bücher verborgen ruht, dürfte noch in mannigfacher Hinsicht des ersten Erforschers harren. Hier habe ich versucht, einen Beitrag zu liefern. Deiner freundlichen Teilnahme darf ich bei solchem Beginnen sicher sein.

Es ist nur ein bescheidener „Gegenstand", den ich Dir als Angebinde darbringe. Die Gesinnung, mit der ich ihn Dir widme, soll das Beste daran sein.

In treuer Freundschaft Dein

Rudolph Sohm.

Leipzig, im Juni 1905.

Inhalt.

		Seite
§ 1.	Begriff des Gegenstandes	5
§ 2.	Verfügungsgeschäft. Verfügung	7
§ 3.	Körperliche Gegenstände	16
§ 4.	Unkörperliche Gegenstände	20
§ 5.	Nichtgegenstände	24
§ 6.	Ursprünglicher und abgeleiteter Rechtserwerb	31
§ 7.	Gesamtnachfolge	38
§ 8.	Sondernachfolge	43
§ 9.	Rechtserwerb vom Nichtberechtigten	49
§ 10.	Arten der Rechtsgemeinschaft	60
§ 11.	Die Mitberechtigung	63
§ 12.	Die Gesamtberechtigung	65
§ 13.	Rechte an Rechten	73
§ 14.	Fruchtbegriff	77
§ 15.	System der Rechte nach dem Bürgerlichen Gesetzbuche	82

§ 1.
Begriff des Gegenstandes.

Der Begriff des Gegenstandes ist vom BGB. neu eingeführt worden. Er zählt zu den Grundbegriffen unseres Gesetzbuches. In der Literatur hat er trotzdem bis jetzt keine Bearbeitung gefunden. Man hört nur, daß Gegenstand einen „Rechtsgegenstand", also einen möglichen Gegenstand von Rechten bedeute[1]), und daß der Ausdruck Gegenstand „Sachen und Rechte" zusammenfassend bezeichne[2]). Es leidet keinen Zweifel, daß beide Sätze unrichtig sind. Es gibt Rechtsgegenstände, die doch im Sinne des BGB. keine Gegenstände sind: die Handlung kann Gegenstand eines Forderungsrechts, die Person Gegenstand eines familienrechtlichen Rechtes sein, aber Handlungen und Personen sind keine Gegenstände im Sinne des BGB. Zum andern: bei weitem nicht alle Rechte zählen zu den Gegenständen des BGB. Beides wird sich bald als zweifellos ergeben.

---

[1]) Diese Anschauung ist allgemein verbreitet. Vgl. z. B. Dernburg, Bürg. R. Bd. 3 (2. Aufl.) S. 2. Crome, System des Bürg. R. Bd. 1 S. 273. Kipp bei Windscheid Pand. 8. Aufl. Bd. 1 S. 607. Es pflegt deshalb, wenn der Begriff des Gegenstandes nach dem BGB. berührt wird, erörtert zu werden, wieweit eine Person oder eine Handlung „Gegenstand" eines Rechtes oder Rechtsverhältnisses sein könne. So bei Crome a. a. O. Rehbein, BGB. Bd. 1 S. 73. Hölder, Allg. Teil S. 203. 204.

[2]) So z. B. Planck, BGB. Bd. 1 (3. Aufl.) Vorbem. zu § 90 S. 160. Zitelmann, Allg. Teil S. 76. — Bei Leonhard, Allg. Teil (1900) S. 158, schon vorher bei Weißbart, Das Befriedigungsrecht Dritter in der Zwangsvollstreckung nach § 268 des BGB. (1899) S. 18 wird Gegenstand zutreffend als „Vermögensstück" definiert. Weißbart gibt auf S. 25 ff. eine Erörterung über „Rechte an Gegenständen". Leonhard unterscheidet körperliche und unkörperliche Gegenstände. Doch fehlt auch bei diesen beiden Schriftstellern eine Untersuchung des Begriffs.

Der Begriff des Gegenstandes hängt im BGB. untrennbar mit dem Begriff des Verfügungsgeschäftes zusammen. Verfügungsgeschäfte sind Rechtsgeschäfte über Gegenstände, und nur über Gegenstände kann verfügt werden. Das zeigt ein Blick in das BGB. Die Verfügung tritt nicht auf, ohne den „Gegenstand" mit sich zu führen. Man vgl. z. B.:

135: verstößt die Verfügung über einen Gegenstand gegen ein gesetzliches Veräußerungsverbot —.

161: hat jemand unter einer aufschiebenden Bedingung über einen Gegenstand verfügt, so ist jede weitere Verfügung, die er während der Schwebezeit über den Gegenstand trifft —.

185: eine Verfügung, die ein Nichtberechtigter über einen Gegenstand trifft — wird wirksam — wenn der Verfügende den Gegenstand erwirbt; wenn über den Gegenstand mehrere Verfügungen getroffen worden sind —.

816: trifft ein Nichtberechtigter über einen Gegenstand eine Verfügung —.

2040: die Erben können über einen Nachlaßgegenstand nur gemeinschaftlich verfügen.

Verfügt wird über Gegenstände, und jedes Verfügungsgeschäft bezieht sich nur auf je einen Gegenstand. Über mehrere Gegenstände kann ein einziges Verpflichtungsgeschäft (z. B. Kaufgeschäft) geschlossen werden. Aber es kann nicht durch ein einziges Verfügungsgeschäft über mehrere Gegenstände verfügt werden[3]. Unmöglich können mehrere Sachen durch ein Veräußerungsgeschäft veräußert, durch ein Belastungsgeschäft belastet werden. Für jeden

---

[3] Möglich ist, daß die Wirkung einer Verfügung auf andere Gegenstände sich erstreckt. So „erstreckt sich" im Zweifel die Wirkung der Auflassung auf das Zubehör (926); die Hypothek „erstreckt sich" auf Erzeugnisse und andere Gegenstände (1120 ff.); mit der abgetretenen Forderung gehen die Nebenrechte über (401). Unmöglich aber ist, daß die Verfügung über einen Gegenstand als solche ein Verfügungsgeschäft auch über einen anderen Gegenstand bedeutet: das Zubehör ist nicht aufgelassen, die Erzeugnisse sind nicht verhypotheziert, die Nebenrechte der Forderung sind nicht abgetreten.

Gegenstand bedarf es eines besonderen Verfügungsgeschäftes[4]). Soviel Gegenstände, soviel Verfügungsgeschäfte. Eine Verfügung, ein Gegenstand. Damit ist der Begriff des Gegenstandes im Sinne des BGB. gegeben: **Gegenstand im Rechtssinn ist nicht der Rechtsgegenstand als solcher, sondern was Gegenstand eines Verfügungsgeschäftes sein kann** (der Verfügungsgegenstand). Die Gegenstände im Sinne des BGB. sind die Gegenstände des verfügungsgeschäftlichen Verkehrs.

§ 2.
Verfügungsgeschäft. Verfügung.

Hier muß ein Wort über die Verfügungsgeschäfte eingeschaltet werden.

Verfügungsgeschäft ist (darin beruht das grundlegende Begriffsmerkmal) ein die Rechtslage (die Zuständigkeit, die Art des Daseins) eines bestimmten Gegenstandes unmittelbar änderndes Rechtsgeschäft[1]).

---

[4]) Vgl. 1085: „Der Nießbrauch an dem Vermögen einer Person kann nur in der Weise bestellt werden, daß der Nießbraucher den Nießbrauch an den einzelnen zu dem Vermögen gehörenden Gegenständen erlangt." Das Vermögen ist kein Gegenstand im Sinne des BGB. Über das Vermögen kann als Einheit nicht verfügt werden, weder durch Veräußerungsgeschäft noch durch Belastungsgeschäft (Verfügungen von Todes wegen sind keine Verfügungsgeschäfte im Sinne des BGB.). Soviel Vermögensgegenstände, soviel Verfügungsgeschäfte (Nießbrauchsbestellungsgeschäfte). Nur wirtschaftlich kann eine Summe von Verfügungsgeschäften eine Einheit bilden, und diese wirtschaftliche Zusammengehörigkeit einer gewissen Gruppe von Verfügungen hat ausnahmsweise rechtliche Wirkung. So bei Bestellung eines Nießbrauches „am Vermögen" (1086 ff.) oder an einem „Grundstück samt Inventar" (1048).

[1]) Die von der herrschenden Lehre angenommene Begriffsbestimmung lautet bei Planck Bd. 1 (3. Aufl.) S. 185: unter Verfügung „werden diejenigen Rechtsgeschäfte verstanden, durch welche unmittelbar ein Recht übertragen, belastet, geändert oder aufgehoben wird". Auszusetzen ist an dieser Begriffsbestimmung, daß sie als Gegenstand der Verfügung allgemein ein „Recht" bezeichnet. Die rechtsgeschäftliche Änderung, Aufhebung eines Rechts des Personenrechts, z. B. die Einschränkung oder Aufhebung der ehemännlichen Nutznießung und Verwaltung durch während der Ehe geschlossenen Ehevertrag, ist keine Verfügung, vgl. weiter unten den Text. Nur die rechtsgeschäftliche

Früher wurden Geschäfte solcher Art wohl dingliche Rechtsgeschäfte genannt. Der Ausdruck ist etwas zu eng, weil es Verfügungs= geschäfte auch außerhalb des Gebietes der dinglichen Rechte gibt, z. B. die Abtretung, die Aufhebung eines Forderungsrechts. Ge= mäß dem Sprachgebrauche des BGB. können die Verfügungs= geschäfte gegenständliche Rechtsgeschäfte genannt werden. Damit ist ihr Gegensatz gegen die Verpflichtungsgeschäfte deutlich ausgedrückt. Die Verpflichtungsgeschäfte ändern immer nur die Rechtslage einer bestimmten Person, niemals die Rechtslage eines bestimmten Gegen= standes.

Verfügungsgeschäfte gibt es nur im Vermögensverkehr unter Lebenden. Verfügungen von Todes wegen sind keine Verfügungs= geschäfte im Sinne des BGB.[2]): der Nachlaß ist kein Gegenstand. Ebenso sind alle Rechtsgeschäfte des Personenrechts von der Zahl der Verfügungsgeschäfte ausgeschlossen, auch dann, wenn sie eine unmittelbare Änderung vermögensrechtlicher (besser: güterrechtlicher)[3] Verhältnisse herbeiführen. Der Verzicht auf die elterliche Nuß= nießung (1662), der Erbvertrag, die Ausschlagung einer Erbschaft sind personenrechtlicher Natur und darum keine Verfügungsgeschäfte:

Änderung, Übertragung usw. von Rechten, welche Gegenstände sind, fällt unter den Begriff des Verfügungsgeschäfts.

[2]) Die entscheidende Beweisstelle steht 1395: die Frau bedarf zur „Ver= fügung" über eingebrachtes Gut der Einwilligung des Mannes. Es ist zweifel= los, daß die Frau trotzdem von Todes wegen frei verfügen kann.

[3]) Es gibt güterrechtliche Wirkungen von Personenrechtsverhältnissen: von Familienverhältnissen (das eheliche, elterliche, vormundschaftliche Güterrecht); von Mitgliedschaftsverhältnissen (das verbandsrechtliche Güterrecht, das Güter= recht der gesamten Hand). Diese güterrechtlichen Wirkungen bedeuten als solche keine Vermögensrechte (die ehemännliche Nutznießung ist kein Nießbrauch), wenngleich Vermögensrechte aus ihnen entspringen können (z. B. das Eigentum des Mannes an den Früchten, die Forderung des Mitglieds auf fälligen Ge= winn). Niemals aber haften diese güterrechtlichen Wirkungen an einem be= stimmten Gegenstande als solchem; sie haften an der Person und den jeweilig unter das personenrechtliche Verhältnis fallenden (z. B. der Ehefrau gehörenden) Gegenständen. Durch gültige Veräußerung von eingebrachtem Frauengut wird der veräußerte Gegenstand von der ehemännlichen Nutznießung frei. Zum personen= rechtlichen Güterrecht gehört das gesamte Erbrecht: es betrifft die Wirkung des Familienverbandes (der Sippe, während das Familienrecht im engeren Sinne vom Hause handelt) auf das Vermögen.

sie wirken auf die güterrechtliche Rechtslage einer bestimmten Person, nicht auf die Rechtslage eines bestimmten Gegenstandes (vgl. 1406. 1453).

Verfügungsgeschäfte im eigentlichen engeren Sinn (echte Verfügungsgeschäfte) sind (darin beruht das zweite Begriffsmerkmal) Zuwendungsgeschäfte, d. h. durch gegenständliche Rechtsänderung den Geschäftsgegner einseitig bereichernde Rechtsgeschäfte. Sie sind Rechtsgeschäfte ausschließlich zu gegnerischen Gunsten. Sie bewirken das pauperiorem fieri des einen, das locupletiorem fieri des anderen, und sie sind um dieser Wirkung willen abgeschlossen[4]. Nur derjenige, zu dessen Lasten das Geschäft wirkt, hat die Rolle des Verfügenden; der andere nur die Rolle des Erwerbenden. Die echten Verfügungsgeschäfte sind (ihrer Wirkung nach) einseitige Verfügungsgeschäfte: es verfügt nur der eine Teil.

Das Gebiet dieser echten Verfügungsgeschäfte ist zugleich (in der Hauptsache) das Gebiet der Rechtssätze vom Rechtsgrunde der Vermögenszuwendung (causa)[5]. Der Inhalt dieser Geschäfte ist

---

[4]) Solche echte Verfügungsgeschäfte sind: die Veräußerung, die Belastung eines Gegenstandes, die Aufhebung, die Inhaltsänderung bezw. Rangänderung eines Vermögensrechts (Gegenstandes) zu Gunsten des anderen.

[5]) Gewöhnlich faßt man den Begriff der causa und des Kausalgeschäfts viel weiter: so weit, daß die verschiedensten eine Rechtsänderung begründenden Tatbestände unter den Begriff der causa fallen. (Das gilt auch von den eigenartigen und beachtenswerten Ausführungen von Stampe, Das causa-Problem [1904] und in Zeitschr. f. Handelsr. Bd. 55 S. 1 ff.) Ich glaube, daß größere Klarheit durch die (schon von anderen, z. B. Zitelmann, Allg. Teil S. 129 ff.; Leonhard, Allg. Teil S. 264 ff. vertretene) Beschränkung des Begriffs der causa auf eine bestimmte Art der Rechtsänderung erreicht wird. Außer den echten Verfügungsgeschäften fallen unter die Rechtssätze von der causa nur noch die abstrakten einseitigen Verpflichtungsgeschäfte: auch diese sollen reine Zuwendungsgeschäfte (Leistungsgeschäfte) sein und darum „selbständig" verpflichten (780). Für die Verpflichtungsgeschäfte gilt sonst der Satz, daß sie kausal sind: sie sind durch ihren Inhalt rechtlich verständlich (durch ihren Inhalt rechtlich motiviert), und ausschließlich durch diesen ihren Inhalt bestimmt sich ihre rechtliche Wirkung, so daß eine von ihrem Inhalt zu unterscheidende causa nicht vorhanden ist. Nur die eigentlichen Verfügungsgeschäfte sind grundsätzlich abstrakt (aus ihrem Inhalt rechtlich unverständlich), und auch hier gibt es eine Ausnahme: Verpfändung und Bestellung einer Hypothek (anders die Bestellung einer Grundschuld oder Rentenschuld) sind kausale Verfügungsgeschäfte (vgl. Zitelmann S. 129): sie sind aus ihrem Inhalt rechtlich verständlich und

abstrakt: sie sind reine Zuwendungsgeschäfte. Sie enthalten nur die Zuwendung. Sie sind, mit einer einzigen Ausnahme[6]), Verträge, bewirken also gegenständliche Rechtsänderung durch erklärte Willensübereinstimmung. Aber zum Tatbestand des Verfügungsgeschäfts gehört nur die Übereinstimmung über die Rechtsänderung selbst, nicht auch die Übereinstimmung über die causa der Rechtsänderung. Aus ihrem eigenen Inhalt heraus sind die echten Verfügungsgeschäfte nicht bloß wirtschaftlich, sondern auch rechtlich unverständlich. Die mit ihnen beabsichtigte Rechtswirkung kann verschiedener Art sein (Schenkungswirkung, Zahlungswirkung usf.). Welche Art der Rechtswirkung aber gewollt ist, kann aus der Zuwendung selber nicht entnommen werden. Diese reinen Zuwendungsgeschäfte (Verfügungsgeschäfte) sind nur **Element** eines rechtlich verständlichen Tatbestandes (eines Schenkungstatbestandes, eines Zahlungstatbestandes usf.). Sie bedürfen der Ergänzung durch ein Kausalgeschäft, d. h. durch die Einigung über die causa. Rechtsgrund, causa ist der Grund einer einseitigen Zuwendung[7]), welcher die Zuwendung **rechtlich** verständlich macht, indem er über die rechtliche **Art** der Zuwendung (ob Schenkungszuwendung oder Zahlungszuwendung usf.) Aufschluß gibt und damit zugleich über ihre rechtliche Wirkung entscheidet. Kommt ein gültiges Kausalgeschäft nicht zustande, so ist das Verfügungsgeschäft ohne rechtlichen Grund (es entbehrt der bestimmten Art, ist damit überhaupt ohne rechtlichen Sinn), und kann die Zuwendung nach den Vorschriften von der ungerechtfertigten Bereicherung zurückgefordert werden (812).

---

wirken nur nach Maßgabe dieses Inhalts. Auch diese Verfügungsgeschäfte enthalten eine einseitige **Zuwendung** (insofern fallen sie unter den Begriff der echten Verfügungsgeschäfte), aber sie enthalten keine **rechtlich** bereichernde Zuwendung, so daß sie insofern eine Sonderstellung einnehmen: hier gibt es keine causa, die von dem Inhalt unterschieden werden könnte und folgeweise kein Kausalgeschäft, welches die Art der mit der Verfügung verbundenen Rechtswirkung verschieden zu bestimmen imstande wäre.

[6]) Die Aufhebung eines begrenzten dinglichen Rechts erfolgt durch empfangsbedürftiges einseitiges Rechtsgeschäft (875. 1064. 1255).

[7]) Durch Verfügungsgeschäft bezw. abstraktes Verpflichtungsgeschäft.

Auf die echten Verfügungsgeschäfte finden alle Vorschriften des BGB. von der Verfügung uneingeschränkte Anwendung: die Rechtssätze von der causa der Verfügung, von der Verfügung des Berechtigten, von der Legitimation und von der Verfügung des Nichtberechtigten.

Neben den echten Verfügungsgeschäften gibt es andere „Verfügungen", d. h. Tatbestände mit Verfügungswirkung, welche teils gleichfalls rechtsgeschäftlicher Art (Verfügungsgeschäfte im weiteren Sinn), teils keine Rechtsgeschäfte sind (Zwangsverfügungen).

Verfügungsgeschäfte im weiteren Sinne sind gewisse Gestaltungsgeschäfte[8]), die wir verfügende Gestaltungsgeschäfte nennen können. Von der herrschenden Lehre werden sie einfach den Verfügungsgeschäften zugezählt[9]). Sie bilden aber eine besondere Gruppe für sich. Gestaltungsgeschäfte sind Rechtsgeschäfte zu

---

[8]) Den Ausdruck Gestaltungsgeschäft bilde ich im Anschluß an Seckel, die Gestaltungsrechte des bürgerlichen Rechts, in der Festgabe der juristischen Gesellschaft zu Berlin für R. Koch (1903) S. 205 ff. Ich hatte bisher für meinen Privatgebrauch die Bezeichnung Bestimmungsrecht und Bestimmungsgeschäft. Aber der Ausdruck Seckels ist gerade so gut. Den Umkreis der Gestaltungsrechte und Gestaltungsgeschäfte glaube ich teilweise etwas anders, und zwar enger, als Seckel (vgl. dessen Aufzählung S. 207 Anm. 2) ziehen zu müssen. In der Aneignung vermag ich z. B. überhaupt kein Rechtsgeschäft, folglich auch kein Gestaltungsgeschäft, zu erblicken. Auch die Ausschlagungsrechte, z. B. das Recht, die Erbschaft, ein Vermächtnis, ein Forderungsrecht (333) auszuschlagen, zähle ich nicht zu den Gestaltungsrechten. Ich glaube, daß es richtiger ist, als Gestaltungsrechte nur diejenigen Rechte zusammenzufassen, die durch einseitiges empfangsbedürftiges Rechtsgeschäft zu Lasten des Gegners ausgeübt werden. Nur für diesen Kreis von Rechten und Rechtsgeschäften dürfte es möglich sein, hinlänglich bestimmte Rechtssätze aufzustellen. Den Gestaltungsrechten treten die Gestaltungsklagerechte (z. B. das Scheidungsklagerecht) als verwandte Bildungen zur Seite. In der Hauptsache aber bietet die Ausführung Seckels eine wertvolle, für den weiteren Ausbau der Lehre bedeutsame Grundlage.

[9]) So erscheinen überall Kündigung und Aufrechnung in einer Reihe mit den echten Verfügungsgeschäften, vgl. z. B. Planck Bd. 1 S. 186; Dernburg, Bürg. R. Bd. 1 § 112; Endemann, Lehrb. des bürg. R. Bd. 1 (8. Aufl.) § 62 Anm. 19. Der Sinn, in dem Hellwig, Wesen der Rechtskraft (1901) S. 98 das Wort „Verfügung" gebraucht, geht, wie er selbst (Anm. 10) bemerkt, über den Begriff der Verfügung des BGB. weit hinaus.

gegnerischen Lasten. Sie sind, mit nur zwei Ausnahmen [10]), empfangsbedürftige einseitige Rechtsgeschäfte. Der Erklärende gestaltet, ändert durch seine alleinige Erklärung die Rechtslage des Erklärungsempfängers. Die Gestaltungsgeschäfte sind in ihren Wirkungen sehr verschieden. Ihre Wirkung kann die Vernichtung eines Rechtsgeschäfts [11]), die Erzeugung eines Verpflichtungsverhältnisses [12]), auch die Änderung der Rechtslage eines bestimmten Gegenstandes sein. Diese letzteren, gegenständlich wirkenden Gestaltungsgeschäfte sind Gestaltungsgeschäfte mit Verfügungswirkung, **verfügende Gestaltungsgeschäfte**. Beispiele sind die Aufrechnung, die (Fälligkeit herbeiführende) Kündigung, die Mahnung, die Bestimmung der unbestimmten Leistung, die Wahl des Wahlberechtigten, die „Verfügung" des Absenders, die Fristsetzung. Die genannten Rechtsgeschäfte bewirken die Aufhebung bezw. die Änderung eines bestehenden Forderungsrechts (d. h. eines Gegenstandes) zu Lasten des Gegners, mittelbar in der Regel auch zu eigenen Lasten [13]). Sie haben (in der Regel) **zweischneidige** Verfügungswirkung: zu Lasten und zu Gunsten beider Teile. Der Empfänger muß daher der richtige Empfänger sein. Durch seinen Empfang ist er Verfügender in bezug auf die zu gunsten des andern eintretende Rechtswirkung [14]). Beide Teile sind sich gegenseitig Rechtsnachfolger in bezug auf die ihnen günstige Wirkung [15]). Für beide Teile gilt daher das Erfordernis der Verfügungsberechtigung (vgl. 1403). Für beide Teile

---

[10]) Die Ausnahmen sind Wandelung und Minderung: hier bedarf es des Vertrages (465).

[11]) Beispiele: der Rücktritt, die Anfechtung, der Widerruf einer Schenkung.

[12]) Beispiele: die Ausübung des Vorkaufsrechts, des Wiederkaufsrechts.

[13]) Zu Lasten des Aufrechnenden, der zugleich seine eigene Forderung verliert, des Kündigenden usf., der die Änderung des Forderungsrechts auch gegen sich selber gelten lassen muß. Nur wenn ein Dritter bei unbestimmter Leistung das Bestimmungsrecht hat, bestimmt er zu Lasten nicht seiner selber, sondern der beiden Vertragsteile (er verfügt über fremdes Recht), weshalb die Anfechtung nicht ihm, sondern den Vertragsteilen zuständig ist (318, 2).

[14]) Darum kann der Empfang unter Umständen abgelehnt werden, vgl. 174. 410. 1160, 2, auch 180.

[15]) Die Befreiung von der Forderung durch Aufrechnung bedeutet abgeleiteten Erwerb (Rechtsnachfolge) für beide Teile. Ebenso die Änderung der Forderung durch Kündigung einer zinsbaren Forderung, Wahl usw.

kann die Verfügungsberechtigung durch Legitimation ersetzt werden, so daß beide Teile in der Lage sein können, „Rechte von einem Nichtberechtigten herzuleiten" [16]). Aber so wenig der Empfang, so wenig bedeutet die Erklärung ein Verfügungsgeschäft im eigentlichen Sinne. Diese Geschäfte „enthalten eine Verfügung" [17]). Aber sie sind Gestaltungsgeschäfte, keine echten Verfügungsgeschäfte. Sie haben Verfügungswirkung; aber es fehlt der verfügungsgeschäftliche Tatbestand.

Soweit es sich um den Tatbestand handelt, finden daher die Rechtssätze von Gestaltungsgeschäften (nicht von Verfügungsgeschäften) auch auf die verfügenden Gestaltungsgeschäfte Anwendung. Das ist in zweierlei Hinsicht von Bedeutung: 1. Die verfügenden Gestaltungsgeschäfte sind keine abstrakten Geschäfte, weil sie keine (einseitigen) Zuwendungsgeschäfte sind. Sie sind rechtlich durch sich selbst verständlich und haben nur eine einzige Art der Rechtswirkung: die durch ihren Inhalt gegebene. Die Rechtssätze von der causa der Verfügungsgeschäfte besitzen daher für die verfügenden Gestaltungsgeschäfte keine Geltung. 2. Das Verfügungsgeschäft des Nichtberechtigten ist als solches unwirksam (die gewollte Wirkung kann durch das Verfügungsgeschäft als solches nicht herbeigeführt werden); aber es ist gültig, es ist als wirkungsfähig vorhanden und kann daher durch anderweitige Vorgänge, insbesondere durch Zustimmung des Berechtigten (d. h. des Verfügungsberechtigten) vollwirksam werden, bezw. wenn die Zustimmung im voraus erteilt war (Einwilligung), sofort vollwirksam sein (185). Für die Gestaltungsgeschäfte gilt das Gegenteil. Das Gestaltungsgeschäft des Nicht-

---

[16]) Daher finden die Rechtssätze von der Legitimation durch Grundbuch bezw. Erbschein Anwendung, wenn „zwischen" dem Legitimierten und dem anderen ein verfügendes Gestaltungsgeschäft (z. B. Kündigung der Hypothek) vorgenommen ist, vgl. 893. 2367. Die Legitimation kann bei echten Verfügungsgeschäften immer nur für den einen, den Verfügenden, z. B. sein Recht Aufgebenden, bei diesen Gestaltungsgeschäften aber auch für den Empfänger der Erklärung (z. B. der Kündigung) in Frage kommen.

[17]) So drückt das Gesetz in 893. 2367 sich aus, wo zwar nicht ausschließlich, aber doch insbesondere an verfügende Gestaltungsgeschäfte gedacht ist.

berechtigten ist nichtig. Es kann auch durch Zustimmung, sei es Einwilligung, sei es Genehmigung des Berechtigten, nicht gültig werden [18]). Die Vorschriften in 185 finden auf Gestaltungsgeschäfte, auch auf verfügende Gestaltungsgeschäfte [19]), keine Anwendung. Die verfügenden Gestaltungsgeschäfte sind keine echten Verfügungsgeschäfte im Sinne des BGB.

Nur soweit es sich um die Verfügungswirkung handelt, finden die Rechtssätze von Verfügungsgeschäften auch auf die verfügenden Gestaltungsgeschäfte Anwendung. Auch für die verfügenden Gestaltungsgeschäfte gelten die Rechtssätze von der Legitimation des Nichtberechtigten zu gunsten des gutgläubigen Erwerbers. Auch für die verfügenden Gestaltungsgeschäfte gilt der Satz, daß sie gegenständliche Wirkung haben und nur in Bezug auf Gegenstände denkbar sind.

Ein nicht rechtsgeschäftlicher Tatbestand mit Verfügungswirkung ist die Zwangsverfügung durch Gesetz oder Richterspruch (bezw. sonstiger obrigkeitlicher Machtspruch). Sie liegt dann vor,

---

[18]) Ein nicht Anfechtungsberechtigter kann nicht mit Einwilligung des Berechtigten im eignen Namen anfechten, und ebenso kann ein nicht Aufrechnungsberechtigter nicht mit Einwilligung des Aufrechnungsberechtigten kraft fremden Forderungsrechtes im eigenen Namen aufrechnen: in beiden Fällen würde das Geschäft nichtig sein. Daher die Vorschrift in 770. Dagegen kann ein Nichtverfügungsberechtigter im eignen Namen mit Einwilligung des Verfügungsberechtigten voll wirksam verfügen (185, 1). Daß für die Kündigung und ähnliche einseitige Rechtsgeschäfte nachträgliche Genehmigung des Berechtigten ausgeschlossen ist, die Handlung vielmehr rechtlich bedeutungslos bleibt, ist bereits, nachdem Cosack, Bürg. R. Bd. 1 § 58 Ziff. 6 c die Frage angeregt, von Rehbein, BGB. Bd. 1 S. 288; Planck, Bd. 1, 3. Aufl., S. 324. 325 zutreffend bemerkt worden. Aber auch mit Einwilligung des Berechtigten kann die Kündigung usw. nicht von einem Nichtberechtigten im eigenen Namen vorgenommen werden: auf Gestaltungsgeschäfte findet nicht bloß der zweite, sondern auch der erste Absatz von 185 keine Anwendung. — Das Geschäft im Namen des Berechtigten ist natürlich nicht das Geschäft eines Nichtberechtigten.

[19]) Vgl. Anm. 18 bezüglich der Aufrechnung. Das gleiche gilt von der Kündigung, Wahl usw. Nur daß für die verfügenden Gestaltungsgeschäfte die Rechtssätze von der Legitimation eingreifen: das verfügende Gestaltungsgeschäft des Legitimierten bezw. mit dem Legitimierten ist gültig (vgl. Anm. 16). Der Legitimierte gilt zu Gunsten des Gutgläubigen dem Berechtigten gleich.

wenn durch Gesetz oder Richterspruch das Recht einer bestimmten Person übertragen oder belastet wird[20]), wenn also die durch Gesetz oder Richterspruch angeordnete unmittelbare Rechtsänderung hinsichtlich eines bestimmten Gegenstandes als auf Rechnung einer bestimmten Person eintretend gewollt ist[21]). Die Wirkung der Zwangsverfügung ist von der Verfügungsberechtigung desjenigen abhängig, auf dessen Rechnung Gesetz bezw. Richterspruch verfügen. Die Zwangsverfügung wirkt nur abgeleiteten Erwerb[22]). Nicht bloß die Rechtssätze von der causa, sondern auch die Rechtssätze von der Legitimation des Nichtberechtigten finden auf die Zwangsverfügung keine Anwendung[23]). Die Wirkung der Zwangsverfügung aber

---

[20]) Beispiele: 135, 1 Satz 2. 161, 1 Satz 2. 268, 3. 412. 774. 883, 2. 1143 usw.

[21]) Der gesetzliche Erwerb bildet nicht als solcher (wie z. B. Reichel in Jherings Jahrb. Bd. 46 S. 108 annimmt) den Gegensatz des Verfügungserwerbes. Er kann vielmehr eine Art des verfügungsmäßigen Erwerbes sein. Der Gegensatz des verfügungsmäßigen (abgeleiteten) Erwerbes ist der ursprüngliche (originäre) Erwerb. Der gesetzliche Sondererwerb (eines einzelnen Gegenstandes) ist ein ursprünglicher Erwerb, wenn er, wie z. B. die Ersitzung, ohne Rücksicht auf das Recht eines bestimmten anderen vor sich geht. Unzulässig ist es daher auch, mit Fuchs, Grundbuchrecht Bd. 1 S. 111 und Biermann, Widerspruch und Vormerkung S. 155 den gesetzlichen Erwerb (z. B. auch den Ersitzungserwerb) schlechtweg mit dem Verfügungserwerb gleichzusetzen; dagegen mit Recht Reichel a. a. O. Der gesetzliche Erwerb ist bald abgeleiteter (verfügungsmäßiger), bald ursprünglicher Erwerb, je nachdem der Erwerb auf Rechnung eines bestimmten Rechtsträgers angeordnet ist oder nicht.

[22]) Ausnahmen der Zuschlag, die Enteignung, die Einziehung. Hier soll aus öffentlichrechtlichen Gründen die obrigkeitliche Verfügung stärkere Wirkung als bloße Verfügungswirkung haben. Daß in diesen Fällen ursprünglicher Rechtserwerb (ohne Rechtsnachfolge im Sinne des bürgerlichen Rechts) vorliegt, wird vergeblich bestritten von Hellwig, Rechtskraft S. 97 Anm. 7.

[23]) Ob derjenige, zu dessen Lasten die Zwangsverfügung ergeht, legitimiert (z. B. die Fahrnis besitzt, im Grundbuch als berechtigt eingetragen) ist oder nicht, ist unerheblich. Der gutgläubige Erwerb vom Legitimierten tritt nur kraft rechtsgeschäftlichen Erwerbes ein. Einzige Ausnahme die gesetzlichen Pfandrechte, des Handelsrechts: HGB. 366, 3. — Anders, wenn das Urteil des Richters eine rechtsgeschäftliche Verfügung des Betroffenen ersetzt (CPO. 894. 897. 898), vgl. Hellwig, Anspruch und Klagerecht (1900) S. 450. 458. Die in Anm. 22 besprochenen Ausnahmefälle dagegen haben nichts mit den Rechtssätzen über Verfügung eines Nichtberechtigten zu tun; sie beruhen auf öffentlichrechtlichen Gründen.

(falls ihre Voraussetzungen vorliegen) ist gegenständlicher Natur. Sie wirkt unmittelbare Änderung der Rechtslage eines bestimmten Gegenstandes, und auch die Zwangsverfügung (z. B. die Pfändung, Zwangshypothek) ist nur in bezug auf Gegenstände möglich.

Maßgebend für den Rechtsbegriff des Gegenstandes sind die echten Verfügungsgeschäfte. Verfügende Gestaltungsgeschäfte und Zwangsverfügung haben den Begriff des Gegenstandes zur Voraussetzung; durch das Gebiet der echten Verfügungsgeschäfte aber wird der Begriff des Gegenstandes bestimmt.

§ 3.
Körperliche Gegenstände.

Es gibt körperliche und unkörperliche Gegenstände.

Körperliche Gegenstände sind die Sachen. Das Gesetz gibt selber den Rechtsbegriff der Sache mit den Worten: "Sachen im Sinne des Gesetzes sind nur körperliche Gegenstände" (90). Die allgemeine Meinung ist, daß durch die Legaldefinition lediglich die Körperlichkeit als für den Rechtsbegriff der Sache wesentlich zum Ausdruck gebracht werde. Man versteht "körperliche Gegenstände", als wenn geschrieben stünde "körperliche Dinge"[1]). Aber die Begriffsbestimmung des Gesetzes ist nicht so wenigsagend, wie angenommen wird. Nicht alle körperlichen Dinge sind Sachen im Rechtssinne[2]), sondern nur diejenigen, welche Gegenstände sind, d. h.

---

[1]) Charakteristisch ist, daß bei Dernburg, Sachenrecht (Bürg. R. Bd. 3) in der ersten Auflage (1898) S. 1 wörtlich zu lesen stand: Das BGB. versteht unter Sachen, wie § 90 ausdrücklich bestimmt, nur "körperliche Sachen" (in Anführungszeichen); erst in der 2. Aufl. S. 2 ist wenigstens der Wortlaut des Gesetzestextes richtig gestellt, wenngleich allerdings im folgenden nach wie vor von "körperlichen Sachen" (als wenn es nach dem BGB. auch unkörperliche Sachen gäbe!) die Rede ist. — Bei Crome, System Bd. 1 S. 273 heißt es: "Sachen sind körperliche Gegenstände; alle anderen Dinge sind unkörperlich."

[2]) Man darf daher nicht mit Planck Bd. 1 (3. Aufl.) S. 160 Sache im Rechtssinn mit "Stück der unfreien Natur" gleichsetzen. Hölder, Allg. Teil S. 205 definiert Sache als "körperlichen Rechtsgegenstand, der nicht eine Person ist"; ebenso Enneccerus, Bürg. R. (3. Aufl.) Bd. 1 § 114 S. 282.

welche einen Gegenstand des **verfügungsgeschäftlichen Verkehrs** bilden.

Die Welt des Verkehrs ist klein. Unzählig viele körperliche Dinge, ja weitaus die meisten, sind keine Sachen im Rechtssinne, weil sie entweder aus tatsächlichen Gründen[3]) oder durch die guten Sitten[4]) vom verfügungsgeschäftlichen Verkehr ausgeschlossen sind. Darum entscheidet denn auch über die Frage, was als einheitliche Sache anzusehen ist, nicht das körperliche Verhältnis als solches, sondern die Anschauung des Verkehrs. Was an körperlichen Dingen im Verkehr als einheitlicher Verfügungsgegenstand behandelt wird, ist eine Sache im Rechtssinne. Der körperliche Zusammenhang im naturwissenschaftlichen Sinne ist nicht notwendig[5]) und nicht genügend[6]). Soviel Verfügungsgegenstände im Verkehr, soviel Sachen im Rechtssinne[7]). Für Grundstücke ist der Grundbuchverkehr maßgebend. Soweit das Grundbuch nach Grundstücken (Realfolien)

Hier ist der Ausdruck Gegenstand beachtet, aber im Sinne vom Rechtsgegenstand verstanden (dagegen oben S. 5). Von „Herrschaftsgegenständen" sprechen Leonhard, Allg. Teil S. 156; Dernburg, Bürg. R. Bd. 3 S. 2; Kohler, Lehrb. d. bürg. R. Bd. 1 (1904) S. 449.

[3]) Sonne, Mond und Sterne, der Erdball, das Weltmeer, die freie Luft, die frei fließende Wasserwelle, die Atome des Naturforschers, das Mehlstäubchen, das Sandkorn, die Körner in einem Getreidehaufen, die Bienen in einem Bienenschwarm.

[4]) Der Körper des Menschen, auch der Leichnam und was zu ihm gehört (Dernburg a. a. O. S. 4). Der Körper ist aber ein privatrechtlich geschütztes Rechtsgut (823). In diesem Sinne „gehört" er dem betreffenden, und kann daher auf abgetrennte Körperteile (z. B. das Haar) die Vorschrift von dem Erwerb der Erzeugnisse (953) entsprechend angewandt werden. Vgl. Hölder, Allg. Teil S. 206. Gareis, Das Recht am menschlichen Körper (in der Königsberger Festgabe für Schirmer, 1900) S. 91.

[5]) Ein Mehlhaufen, ein Getreidehaufen, ein Bienenschwarm ist **eine** Sache im Rechtssinn.

[6]) Ein Couponbogen ist nicht **eine** Sache, sondern eine Mehrheit von äußerlich zusammenhängenden Sachen.

[7]) Wein im Faß oder in der Flasche, Bier im Glase, Licht im Leuchter, Pflanze im Topf, bedeuten, gegen Planck Bd. 1 S. 164 zu § 93 Ziff. 2, nicht je eine (aus zwei „unwesentlichen Bestandteilen" zusammengesetzte), sondern je zwei Sachen. Diese äußerlich verbundenen Dinge werden im Verkehr als verschiedene Verfügungsgegenstände behandelt: der Wein wird ohne das Faß, ohne die Flasche, das Bier ohne das Glas (z. B. in der Bierwirtschaft), das Licht ohne den Leuchter (z. B. in der Gastwirtschaft) veräußert. Die Veräußerung

geordnet ist, gilt die Regel: was ein Grundbuchblatt hat (mögen auch getrennt liegende Flächenstücke auf einem Blatt vereinigt sein), ist ein Grundstück [8]).

Das rechtliche Wesen der Sache ist, daß sie einen **selbständigen Verfügungsgegenstand** bedeutet. Durch ein Verfügungsgeschäft kann nur über **eine** Sache verfügt werden: soviel Sachen, soviel Verfügungsgeschäfte. Über einen Sachinbegriff kann nicht durch eine Verfügung verfügt werden. Sachinbegriffe sind keine Sachen im Rechtssinne.

Auch Sachbestandteile sind keine Sachen im Rechtssinne. Sie sind keine selbständigen Verfügungsgegenstände. Nur über Sachen kann verfügt werden, nicht über Sachbestandteile. Verfügung über die Sache ist kraft Rechtsnotwendigkeit Verfügung über alle ihre Bestandteile [9]). Sachbestandteile sind keine körperlichen Gegenstände. Es gibt wesentliche und unwesentliche Bestandteile. Wesentliche Bestandteile können nicht bloß keine Verfügungsgegenstände, sondern auch keine **Rechts**gegenstände sein (93). Die Verbindung zum wesentlichen Bestandteil hat darum rechtsändernde Wirkung (946. 947). An unwesentlichen Bestandteilen sind dagegen besondere Rechte möglich. Sie können also auch nach der Verbindung als selbständige Rechtsgegenstände erscheinen. Die Verbindung zum unwesentlichen Bestandteil hat keine rechtsändernde Wirkung [10]). Dennoch sind sie

---

des einen Gegenstandes schließt die des andern nicht in sich. Dagegen ist ein Taschenmesser, eine Uhr, eine Lampe, ein Wagen für den Verkehr ein Verfügungsgegenstand, d. h. rechtlich eine Sache. Vgl. Tobias, Eigentumserwerb durch Verbindung, Archiv f. ziv. Praxis Bd. 94 S. 377 ff.

[8]) Vgl. 890. Dementsprechend GBO. 6 (die Ausnahmevorschrift in Satz 2, daß ein Grundstücksteil unter Umständen ohne Abschreibung mit einer Reallast oder Dienstbarkeit belastet werden kann, bedeutet, daß solche beschränkte Eintragung buchmäßig für diese Belastung einer Abschreibung gleichsteht).

[9]) Das gilt auch in bezug auf die unwesentlichen Bestandteile. Der Begriff des Bestandteils (ohne Unterschied ob wesentlich oder unwesentlich) ist, daß er keinen selbständigen Verfügungsgegenstand und deshalb keine Sache im Rechtssinn bedeutet.

[10]) Durch Vereinigung und Zuschreibung (890) wird keine Rechtsänderung herbeigeführt (vgl. 1131). — Wie schon Endemann, Bürg. R. Bd. 1 (8. Aufl.) § 52 S. 238 ff., insbes. Anm. 15, ausgeführt hat, gibt es unwesentliche Bestandteile **nur bei Grundstücken**. Für unwesentliche Bestandteile beweglicher

keine Sachen im Rechtssinne mehr, denn nach der Verbindung zum unwesentlichen Bestandteil ist selbständige Verfügung über die

Sachen hat noch niemand ein zutreffendes Beispiel zu geben vermocht. Gegen die Beispiele Plancks (ähnliche bei Eck, Vortr., Bd. 1 S. 104; Crome Bd. 1 S. 278; Kohler, Bürg. R. Bd. 1 S. 468) vgl. oben S. 17 Anm. 7. Hölders Meinung, Allg. Teil S. 211, daß die Wolle auf dem Rücken des Schafes, die stehende reife Frucht unwesentlicher Bestandteil sei, steht, wie Hölder S. 215 selbst bemerkt, mit dem Gesetz (94) in Widerspruch. Das gleiche gilt von der Ansicht, die am meisten Anhänger gefunden hat, daß ohne Wertminderung teilbare Sachen, z. B. ein Pfund Butter, ein Liter Wein, Öl, überhaupt Flüssigkeiten und Mengen gleichartiger Körper keine wesentlichen Bestandteile haben (Cosack, Bürg. R. Bd. 1 § 41 I; Eck, Vorträge Bd. 1 S. 104; Dernburg Bd. 3 § 5 S. 20; Hölder S. 211; Tobias im Archiv für ziv. Praxis Bd. 94 S. 384). Das Gegenteil steht im Gesetz: Vermengung von Butter mit Butter, Wein mit Wein, Öl mit Öl usw. ist zweifellos rechtsändernde Verbindung nach 947. 948, d. h. die verbundenen Sachen werden als wesentliche Bestandteile der neuen Sache behandelt. Die Fehlerquelle dürfte darin liegen, daß nach der allgemein herrschenden, aber durch das Gesetz nicht begründeten Meinung wesentliche Bestandteile nur solche Sachteile sein sollen, durch deren Trennung eine Änderung des wirtschaftlichen Wesens der abgetrennten bezw. der verbleibenden Sache bewirkt wird (so Planck Bd. 1 zu § 93 Ziff. 2; Eck, Vortr. Bd. 1 S. 100; Fuchs, Grundbuchrecht Bd. 1 S. 14; Crome, System Bd. 1 S. 278; besonders präzis Hölder zu § 93). Daraus ergeben sich die hervorgehobenen unmöglichen, dem Gesetz widerstreitenden Folgerungen. Es kommt nicht auf Änderung des wirtschaftlichen, sondern nur auf Änderung des körperlichen Zustandes an. Alle Bestandteile sind wesentlich, deren Trennung Änderung der Art des körperlichen Sachdaseins bedeutet. Körperliche Trennung ist Verwandlung eines Sachteiles in eine Sache, körperliche Verbindung ist Verwandlung einer Sache in einen wesentlichen Teil: körperliche Trennung und Verbindung bedeuten grundsätzlich in den Augen des Verkehrs eine für das Getrennte, Verbundene wesentliche Änderung (ist die Verbindung nicht derart, daß sie für die Anschauung des Verkehrs Sacheinheit herbeiführt, so ist die verbundene Sache überhaupt nicht Bestandteil geworden, sondern selbständige Sache geblieben). Bewegliche Sachen haben nur solche wesentliche Bestandteile: Trennung und Verbindung ist nur durch körperlichen, d. h. durch wesentlichen, die Art des Sachdaseins berührenden Vorgang möglich. Auch die Bodenbestandteile des Grundstücks sind wesentliche Bestandteile: ihre Trennung und Verbindung berührt das körperliche Sein. Unwesentliche Bestandteile sind nur solche Sachteile, die ohne körperlichen Vorgang, d. h. ohne körperliche Änderung getrennt und verbunden werden: die Flächenbestandteile eines Grundstücks (890); überdies „gelten" als (unwesentliche) Bestandteile die mit dem Eigentum an einem Grundstück verbundenen Rechte (96). Hier geht wie mit der Verbindung so mit der Trennung (bezw. Aufhebung des Rechts) nichts Körperliches vor sich: die Verbindung ist eine Verbindung zum unwesentlichen Teil. — Auch dadurch, daß die Sache Bestandteil eines Rechtes wird, kann sie aufhören, Gegenstand (Verfügungsgegenstand) und damit Sache im Rechtssinne

Bestandteil gewordene Sache grundsätzlich ausgeschlossen[11]). Das Wesen der Sache im Rechtssinne (des körperlichen Gegenstandes) ist nicht, Rechtsgegenstand, sondern Verfügungsgegenstand zu sein.

Das Eigentum fällt für den verfügungsgeschäftlichen Verkehr mit der Sache zusammen. In dem Körper der Sache erscheint das Machtgebiet, der Herrschaftsinhalt des Eigentums. Verfügung über die Sache ist für den Verkehr mit Verfügung über das Eigentum gleichbedeutend, und umgekehrt. Darum erscheint das Eigentum als Gegenstand mit und neben der Sache. Das Eigentum ist für den verfügungsgeschäftlichen Verkehr die Sache, und die Gegenständlichkeit der Sache bedeutet für das Recht die Gegenständlichkeit des Eigentums. In diesem Sinne ist auch das Eigentum ein körperlicher Gegenstand.

Die begrenzten Rechte an Grundstücken aber, für welche „die sich auf Grundstücke beziehenden Vorschriften gelten" (1017. EG. 68. 196), sind keine körperlichen Gegenstände, obgleich sie als Verfügungsgegenstände im allgemeinen den Grundstücken (dem Eigentum) gleich behandelt werden[12]). Sie erscheinen im verfügungsgeschäftlichen Verkehr als Rechte, d. h. als unkörperliche Gegenstände (vgl. unten § 13), nicht als Sachen.

§ 4.
Unkörperliche Gegenstände.

Unkörperlich sind alle Gegenstände des verfügungsgeschäftlichen Verkehrs, die keine Sachen sind. Unter diesen Gesichtspunkt fallen zwei Gruppen von Rechten:

---

zu sein. Ein Beispiel ist der Schuldschein. Für den Schuldschein gilt kein Sachenrecht (952). Vgl. Strohal in „Das Recht" 1901 S. 158 ff.

[11]) Über den unwesentlichen Bestandteil kann nicht als solchen, sondern nur durch das Mittel der Verfügung über ein etwa an ihm bestehendes Sonderrecht verfügt werden: den Hypothekengläubigern eines zugeschriebenen oder vereinigten Grundstücks steht nach wie vor die Betreibung der Zwangsversteigerung in das nunmehr Flächenstück gewordene Grundstück zu: so mit Recht Jäckel, Das Reichsgesetz über die Zwangsversteigerung (1901) zu § 16 Ziff. 3 S. 66; Fuchs, Grundbuchrecht Bd. 1 S. 144. 432; Turnau-Förster, Liegenschaftsrecht, Bd. 1, 2. Aufl. S. 661).

[12]) Inbezug auf die Veräußerung, die Belastung, auch die Zwangsverfügung (CPO. 864. 870. 932); nicht aber inbezug auf die Aufhebung (1017, 2).

1. Gegenstände sind alle Rechte, die durch Verfügungsgeschäft begründet werden. Dahin gehören die begrenzten dinglichen Rechte: das Erbbaurecht, die Dienstbarkeiten, das dingliche Vorkaufsrecht, die Reallast, die Hypothek, die Grundschuld, das Pfandrecht. Diese Rechte sind in ihrer Mehrzahl nicht oder doch nicht selbständig übertragbar, so daß selbständige Verfügung durch Veräußerung oder Belastung ausgeschlossen ist. Es gibt „Gegenstände, die nicht durch Rechtsgeschäft übertragen werden können" (1439. 1554). In gewissen Grenzen unterliegen aber auch diese Rechte der selbständigen Verfügung. Die Rechtsgeschäfte, durch welche der Inhalt oder der Rang dieser Rechte geändert und ebenso die Rechtsgeschäfte, durch welche diese Rechte aufgehoben werden, sind echte Verfügungsgeschäfte. Auch diese Rechte sind verfügbare Rechte. Sie sind nicht bloß hinsichtlich ihrer Entstehung, sondern auch in ihrem Bestande Gegenstände des verfügungsgeschäftlichen Verkehrs, d. h. Gegenstände im Rechtssinne.

2. Für die Rechte, welche nicht durch Verfügungsgeschäft erzeugt werden, ist das Kennzeichen ihrer Eigenschaft als Gegenstand die Übertragbarkeit: daß sie selbständig durch auf sie bezügliches Verfügungsgeschäft übertragen werden können. Die Übertragbarkeit schließt die Belastbarkeit in sich. Es genügt, daß die Rechte ihrer Art nach übertragbar sind. Ob im einzelnen Falle die Übertragbarkeit des Rechts durch Sondertatbestand ausgeschlossen ist (wie das z. B. für Forderungsrechte nach 399. 400 der Fall sein kann), ist gleichgültig. Auch hier kann es „Gegenstände" geben, die doch „nicht durch Rechtsgeschäft übertragen werden können". Aber für die Klasse als solche ist es die Übertragbarkeit, welche ihre Zugehörigkeit zu den Gegenständen begründet. Diese Rechte, welche nicht durch Verfügungsgeschäft erzeugt werden, treten nur durch die Eigenschaft der Übertragbarkeit in die Zahl der Gegenstände ein. Unter diesem Gesichtspunkt sind die Forderungsrechte Gegenstände. Ebenso die sog. Immaterialgüterrechte: das Urheberrecht, das Verlagsrecht, das Erfinderrecht[1]). Endlich das über-

---

[1]) Das Firmenrecht, das Zeichenrecht kann nicht selbständig übertragen

tragbare Mitgliedschaftsrecht. Für die Regel ist die Mitgliedschaft gleich allen anderen Rechten des Personenrechts unübertragbar und darum kein Gegenstand. Ausnahmsweise aber kann die Mitgliedschaft, z. B. die des Aktionärs in der Aktiengesellschaft, übertragbar sein und folgeweise zu den Gegenständen zählen (vgl. 38 Satz 1. 40). Die Mitgliedschaft in der Erbengemeinschaft ist kraft Gesetzes übertragbar (2033, 1). Aber auch in solchen Fällen ist Gegenstand immer nur das Mitgliedschaftsrecht als Ganzes, niemals eine einzelne, der Mitgliedschaft entspringende Befugnis. Einzelne Mitgliedschaftsbefugnisse können schlechtweg nicht durch Verfügungsgeschäft übertragen, es kann höchstens, falls die Satzung es zuläßt, ihre Ausübung einem anderen „überlassen", d. h. tatsächlich (möglicherweise infolge eines Verpflichtungsgeschäfts) gestattet werden (38 Satz 2. 40). Einzelne Mitgliedschaftsbefugnisse sind also niemals Gegenstände im Sinne des BGB.

Aus der gegebenen Aufzählung erhellt, daß neben den Sachen nur die Rechte des Vermögensrechts (die dinglichen Rechte, die Forderungsrechte, die Immaterialgüterrechte) und die veräußerlichen, d. h. den Vermögensrechten gleichgesetzten, Mitgliedschaftsrechte Gegenstände im Sinne des BGB. (Verfügungsgegenstände) darstellen. Verfügungsgeschäfte gibt es nur im Vermögensverkehre (oben S. 8). Verfügungsgegenstände können außer den Sachen (dem Eigentum) nur Vermögensrechte, mit Einschluß der vermögensrechtlich behandelten Mitgliedschaftsrechte, sein.

Die rechtliche Eigenart der **Vermögensrechte** beruht darin, daß sie Gegenstände sind, Gegenstände des verfügungsgeschäftlichen Verkehrs. Darin besteht ihr Gegensatz zu den Rechten des Personenrechts. Die personenrechtlichen Rechte sind keine Gegenstände. Sie können durch Verfügungsgeschäft weder begründet noch übertragen werden. Die Vermögensrechte sind die verkehrsfähigen, die Rechte des Personenrechts die verkehrsunfähigen Privatrechte. Die Zweiteilung der anspruchgeschützten Privatrechte in Gegenstände (Ver-

---

werden. Diese Rechte sind keine Gegenstände im Rechtssinn. Sie unterliegen deshalb auch nicht der Zwangsverfügung, noch gehören sie zur Konkursmasse.

mögensrechte) und Nichtgegenstände (personenrechtliche Rechte) beherrscht das BGB. (unten § 15). Es ist damit zugleich die Bedeutung des Begriffes "Vermögensrecht" für das System des BGB. ausgedrückt. Die Frage, ob ein Recht im Sinne des BGB. ein Vermögensrecht bedeutet, fällt mit der Frage zusammen, ob das Recht einen Gegenstand im Sinne des BGB. (einen Verfügungsgegenstand) darstellt.

Zusammenfassend können wir sagen: Gegenstände sind die aktiven Bestandteile des Vermögens[2]. Nur aus ihnen besteht das "Vermögen", d. h. der Vermögensinbegriff[3], das "Gut" des BGB. (das Vorbehaltsgut, das eingebrachte Gut, das Gesamtgut)[4]. Nur sie können Gegenstände eines Verfügungsgeschäfts, eines verfügenden Gestaltungsgeschäfts, einer Zwangsverfügung sein. Nur in Gegenstände gibt es eine Rechtsnachfolge (unten § 6 ff.). Nur an Gegenständen gibt es eine Rechtsgemeinschaft (unten § 10). Noch eine ganze Reihe von weiteren Rechtssätzen hat den Begriff des Gegenstandes zur Voraussetzung (unten § 13 ff.). Unser Begriff zählt zu den Grundpfeilern unseres bürgerlichen Rechts.

---

[2] Im allgemeinen kommt der Begriff der unkörperlichen Gegenstände mit dem der römischen res incorporales überein; aber die hereditas, welche den res incorporales zugezählt wird (D. 1, 8, 1), ist kein Gegenstand im Sinne des BGB., weder die Erbschaft, noch das Erbrecht.

[3] Der Sachinbegriff besteht nur aus Sachen, der Vermögensinbegriff aus Gegenständen. Der Inbegriff selber ist kein Gegenstand, vgl. S. 18.

[4] Das eingebrachte Gut besteht nur aus Gegenständen, vgl. 1395—1398: "Verfügung über eingebrachtes Gut"; die Schulden der Frau gehören nicht zum eingebrachten Gut (1403, 2). 1363: "Das Vermögen der Frau wird durch die Eheschließung — eingebrachtes Gut; zum eingebrachten Gut gehört auch das Vermögen, das die Frau während der Ehe erwirbt." Ebenso besteht das Gesamtgut der Gütergemeinschaft nur aus Gegenständen, vgl. 1438: "Die einzelnen Gegenstände werden gemeinschaftlich, ohne daß es einer Übertragung durch Rechtsgeschäft bedarf." Für das Vorbehaltsgut ergibt sich das gleiche schon daraus, daß es an sich eingebrachtes Gut bezw. Gesamtgut sein könnte. — Vgl. Binder, Die Rechtsstellung des Erben, Bd. 1 (1901) S. 14 ff., der aber diesen Vermögensbegriff mit Unrecht auf die Erbschaft anwendet. Der erbrechtliche Begriff des Vermögens umfaßt auch die Schulden, unten § 7.

§ 5.
Nichtgegenstände.

Keine Gegenstände sind, wie sich bei Gelegenheit schon herausgestellt hat (oben S. 22), die Rechte des Personenrechts, mit Einschluß des Familienrechts, ausgenommen die Fälle des veräußerlichen Mitgliedschaftsrechts. Auch die Rechte des personenrechtlichen Güterrechts (oben S. 8 Anm. 3), das elterliche und das ehemännliche Nutznießungsrecht, das Erbrecht und das Pflichtteilsrecht (zu unterscheiden von dem Pflichtteilsanspruch), das Vermächtnisrecht (zu unterscheiden vom Vermächtnisanspruch) sind keine Gegenstände. Über alle diese Rechte kann nicht verfügt werden. Sie sind keine Vermögensrechte im Sinne des BGB.

Auch daß Vermögensinbegriffe und Sachinbegriffe keine Gegenstände sind, ist bereits bemerkt worden (S. 18. 23). Aber es gibt noch weitere, dem Gebiete des Vermögensrechts angehörende Erscheinungen, die von der Zahl der Gegenstände auszuscheiden sind.

1. Keine Gegenstände sind die Schulden. Die Schulden bilden als die passiven Vermögensbestandteile den Gegensatz zu den Gegenständen[1]). Das gilt trotz des Schuldübernahmevertrags. Der Schuldübernahmevertrag bedeutet niemals eine Verfügung über die Schuld. Der Gedanke, daß die Schuld vom Urschuldner an den Übernehmer „veräußert" werden könne, der Schuldübernahmevertrag zwischen Urschuldner und Übernehmer ein „Veräußerungsvertrag" sei[2]), ist ein Ungedanke. Man könnte ebensogut der Ansicht sein,

---

[1]) Vgl. z. B. 1438 ff.: Gesamtgutsgegenstände; 1459 ff.: Gesamtgutsverbindlichkeiten. Nur die Gesamtgutsgegenstände werden gemeinschaftlich (1438); inbezug auf Schulden gibt es keine Gemeinschaft. — 2001: „Nachlaßgegenstände und Nachlaßverbindlichkeiten." 1973, 2. 1992 Satz 2: für die Nachlaßverbindlichkeiten haften die Nachlaßgegenstände.

[2]) Delbrück, Die Übernahme fremder Schulden, 1853, von dem hier die erste Anregung ausgegangen ist, faßt den Schuldübernahmevertrag als Veräußerungsvertrag nach Art der Veräußerung einer Sache. Die gleiche Auffassung findet sich noch in den Motiven zum ersten Entwurf des BGB. Bd. 2 S. 143.

daß eine Schuld verpfändet oder mit Nießbrauch belastet werden könnte. Schulden sind keine Rechte! Verfügung über eine Schuld (Zuwendung einer Schuld) ist ein Widerspruch in sich selbst. Der Schuldübernahmevertrag zwischen Urschuldner und Neuschuldner (415) ist aber auch keine Verfügung über die Forderung³). Die Rechtssätze von der Verfügung eines Nichtberechtigten finden keine Anwendung⁴). Der Schuldübernahmevertrag ist überhaupt kein Verfügungsvertrag, sondern ein Verpflichtungsvertrag⁵). Er begründet

---

³) Dies ist die nach Delbrück in der Literatur vorwaltende Meinung. So Windscheid, Pand. Bd. 2 § 338 (dessen Gedanken für die Abfassung des BGB. an dieser Stelle maßgebend geworden sind): Regelsberger in Endemanns Handbuch des Handelsrechts Bd. 2 § 338; auch die Motive Bd. 2 S. 144: die Protokolle der zweiten Lesung Bd. 1 S. 410. Gegenwärtig darf das wohl (trotz der Angriffe v. Blumes und Hellwigs) als die herrschende Meinung angesehen werden; vgl. z. B. Regelsberger in Jherings Jahrb. Bd. 39 S. 472 ff.; Crome, Syst. Bd. 2 § 202. Schwankend Planck Bd. 2 zu § 415. Unbestimmt auch Dernburg, Bürg. R. Bd. 2 § 156.

⁴) Genehmigung des Gläubigers ist nur möglich, wenn ihm der Schuldübernahmevertrag mitgeteilt wird (415, 1). Verweigerung der Genehmigung vernichtet die Schuldübernahme, so daß nur die Wirkung der Erfüllungsübernahme bleibt (415, 2. 3). Das ist alles dem Recht von der Verfügung eines Nichtberechtigten zuwider. Überdies dürfte die Frage gar nicht beantwortet werden können, wer von beiden Teilen als Rechtsnachfolger irgendwelche „Rechte" von dem andern „herzuleiten" imstande wäre.

⁵) Dies wird mit Nachdruck vertreten insbesondere von Hellwig, Verträge auf Leistung an Dritte S. 159 ff. v. Blume in Jherings Jahrb. Bd. 39 S. 390 ff., Bd. 40 S. 109 ff. Die Ansicht dieser Schriftsteller aber, daß immer ein zwischen Übernehmer und Gläubiger geschlossener Schuldvertrag zustande komme, dürfte gegenüber dem Gesetz nicht haltbar sein. Die Meinung von 415 (darin hat die herrschende Lehre recht) ist vielmehr die: der Wille, dem Gläubiger Schuldner anstatt des Urschuldners sein zu wollen, kann wirksam, die Genehmigung des Gläubigers vorbehalten, zum Inhalt eines bindenden Vertrags zwischen Übernehmer und Schuldner gemacht werden. Ein solcher Wille ist aber ein Verpflichtungswille (zugleich zu Gunsten und zu Lasten des Dritten, des Gläubigers) und folglich der Vertrag ein Verpflichtungsvertrag. Es entsteht folgeweise eine neue Schuld, wie aus den in 418 enthaltenen Vorschriften genugsam hervorgeht. Die elementare Tatsache, daß die Person des Schuldners über den Wert der Schuld entscheidet, läßt sich durch kein Gesetz beseitigen. Ist die Person des Schuldners wirtschaftlich weitaus an erster Stelle maßgebend, so kann sie unmöglich (gegen Windscheid, Pand. Bd. 2 § 338 Anm. 3) „für den juristischen Bestand" als ebensowenig erheblich wie die Person des Gläubigers geachtet werden. Ein

eine neue Schuld, deren Inhalt nach Maßgabe der Urschuld sich bestimmt. In diesem Sinne können Schulden „übernommen" werden. „Übertragen" werden können sie nicht[6]). Schulden sind keine Gegenstände.

2. Kein Gegenstand ist der Besitz. Auch der Besitz kann nicht „übertragen", noch verpfändet oder mit einem Nießbrauch belastet werden. Er kann nur „überlassen" oder „eingeräumt", d. h. tatsächlich hingegeben werden[7]). Die Überlassung, Einräumung des Besitzes ist kein Rechtsgeschäft, geschweige denn ein Verfügungsgeschäft. Sie kann niemals durch Willenserklärung des Überlassenden, sondern immer nur durch Gewalterlangung des Erwerbenden bewirkt werden. Daraus folgt mit Notwendigkeit, daß auch die Einigung, von welcher 854, 2 die Rede ist, kein Verfügungsgeschäft, überhaupt kein Rechtsgeschäft bedeutet. Auch im Falle solcher Einigung wird der Besitz nicht übertragen, sondern überlassen, eingeräumt, und zwar nicht durch die Einigung als solche, sondern nur dadurch, daß infolge der Einigung „der Erwerber in der Lage ist, die Gewalt über die Sache auszuüben" (854, 2). Die Einigung ist ein für den Erwerb des Besitzes nur tatsächlich, nicht rechtlich erheblicher Vorgang, d. h. sie ist kein über den Besitz verfügender Vertrag[8]). Sie wirkt nicht als Willenserklärung, sondern als

---

neuer Schuldner eine neue Schuld. Und es liegt ja auch ein neuer Schuldgrund vor: der Übernahmevertrag. Die Tatsache, daß der Übernahmevertrag ein Verpflichtungsvertrag ist, schließt (gegen Hellwig) die Möglichkeit, von einer „Schuldsuccession", von einer „Sondernachfolge" in die Schuld zu sprechen, aus; vgl. unten § 8.

[6]) „Übertragung" bedeutet die Herbeiführung des Rechtsübergangs durch verfügungsmäßigen Tatbestand (Verfügungsgeschäft bezw. Zwangsverfügung), vgl. z. B. 38 Satz 1. 398. 412. 929. 1069.

[7]) Die Hingabe einer Sache zu bloßem Besitz heißt „Überlassung" der Sache, des Gebrauchs, z. B. 536. 549. 552. 553. 571. 577. 578. 732 uff. Überlassung ist Hingabe ohne Verfügungsgeschäft. Sie ist bloß tatsächlicher Natur, vgl. auch 38 Satz 2. 1059. Übertragung begründet Rechtsnachfolge, Überlassung nicht. Die Gewährung des unmittelbaren Besitzes heißt „Einräumung" des Besitzes 861. 869. — Darüber, daß nach 870 der unmittelbare Besitz „übertragen" wird, vgl. unten Anm. 16.

[8]) Das Gegenteil wird bekanntlich von hervorragender Seite behauptet:

Willensausführungshandlung, nämlich als Beihilfe zur Besitzerlangung des andern, gerade wie in allen anderen Fällen der Besitzeinräumung. Was rechtlich wirkt, ist nicht die Willenserklärung (die Kundgebung, Klarmachung des Willens), sondern ihr tatsächlicher Erfolg[9]). Der Zugang zur Sache wird dem anderen frei, aber der andere erwirbt Besitz nicht weil der Vormann es gewollt hat, sondern aus eigener Person, weil und wenn die Sachherrschaft nunmehr für ihn begründet ist. Darum ist denn auch der Einigungserwerber kein Rechtsnachfolger im Besitz, so wenig wie in anderen Fällen der Besitzeinräumung (unten § 8). Der Besitz ist kein Verfügungsgegenstand. Für das BGB. ist damit zugleich die Frage nach der Rechtsnatur des Besitzes entschieden: der

---

Strohal, Der Sachbesitz nach dem BGB., 1897 (aus Jherings Jahrb. Bd. 38) S. 81 ff. Die für die im Text vertretene Ansicht entscheidenden Gründe hat in der Hauptsache schon Binder, Rechtsstellung des Erben nach dem BGB. Bd. 1 (1901) S. 47 Anm. 44 geltend gemacht. Strohal sagt S. 81: Die Einigung „bezweckt einen durch sie herbeizuführenden rechtlichen Erfolg und ist somit ein Vertrag im technischen Sinne". Aber durch die Einigung kann der herbeizuführende Erfolg nicht in rechtserheblicher Weise bezweckt werden. Rechtserheblich ist für den Besitzerwerb immer nur die Gewalterlangung des andern, nicht daß der Vormann in Übereinstimmung mit ihm diese Gewalterlangung zu wollen erklärt hat. Vgl. Strohal selber S. 88 ff.

[9]) Das unterscheidet die Willensausführungshandlung vom Rechtsgeschäft. Auch die Willensausführungshandlung ist eine Rechtshandlung: sie besteht mit rechtlichen Folgen (im Falle unserer Einigung mit der Rechtsfolge, daß die Gewalterlangung des andern ohne verbotene Eigenmacht vor sich geht) kraft des Willens einer Person (Hölder, Allg. Teil S. 234). Für alle Rechtshandlungen (mit Ausnahme der unerlaubten Handlungen) besteht das Erfordernis der Geschäftsfähigkeit (vgl. Eltzbacher, Die Handlungsfähigkeit, 1903, S. 7. 8. 218). So auch für diese Einigung. Aber die sonstigen Rechtssätze von rechtsgeschäftlichen Willenserklärungen finden nicht schlechtweg auf alle Rechtshandlungen Anwendung. Insbesondere sind die Rechtssätze von Nichtigkeit und Anfechtbarkeit vom Gebiet der nicht rechtsgeschäftlichen Rechtshandlungen ausgeschlossen. Rechtshandlungen können infolge eines Mangels am Tatbestand (z. B. wenn die angeeignete Sache nicht herrenlos ist) nicht vorhanden, aber sie können nicht nichtig sein; der Gegensatz von negotium nullum und non existens ist nur auf dem Gebiet der Rechtsgeschäfte möglich. So sind auf unseren Fall der Einigung die Rechtssätze von der Anfechtung unanwendbar: der tatsächliche Erfolg, daß der andere durch die Einigung Gewalt über die Sache erlangt hat, kann nicht durch Anfechtung rückwärts ungeschehen gemacht werden. Alles, was im vorigen gesagt ist, gilt aber nur

Besitz ist kein Vermögensrecht[10]). Er ist ein Rechtsgut[11]) von Vermögensinteresse, aber nicht ein in Form eines Rechts erscheinender Aktivbestandteil des Vermögens. Darum gehen, wie wir später sehen werden (§ 7), durch Gesamtrechtsnachfolge zwar alle Vermögensrechte über, aber nicht der Besitz[12]). Durch Gütergemeinschaft werden alle Gegenstände gemeinsam, der Besitz aber ebensowenig wie die Schulden. Der Besitz ist weder ein Gegenstand noch ein Recht an einem Gegenstande[13]).

---

für die uns hier beschäftigende Einigung. Die anderen Fälle der „Einigung" des BGB. (516, 1. 873. 929 usw.) bedeuten rechtsgeschäftliche Willenserklärungen, wenngleich allerdings auch in diesen Fällen durch die Einigung allein noch kein fertiges Rechtsgeschäft (kein Vertrag) zustande kommt; aber die Einigung ist in diesen andern Fällen rechtserheblicher Tatbestand.

[10]) Die vielverhandelte Frage, ob der Besitz ein „Recht" sei, führt zu ganz wertlosen Erörterungen, solange ein a priori aufgestellter Begriff des subjektiven Rechts ohne Rücksicht auf bestimmte Rechtssätze (die durch Zutreffen des Begriffes für anwendbar erklärt werden) die Grundlage der Entscheidung bildet. Wissenschaftliche Bedeutung erlangt die ganze Frage erst, sobald auf dem Boden einer positiven Rechtsordnung ein Begriff des Vermögensrechts feststeht, mit dem bestimmte Rechtssätze sich verbinden. Dieser Begriff ist für das BGB. der des Gegenstandes. Unser Satz: der Besitz ist kein Recht, bedeutet: der Besitz ist kein Gegenstand im Sinne des BGB., die Rechtssätze von Gegenständen finden keine Anwendung. — Auch die dem Besitz entspringenden „Rechte" (859. 860) sind keine Gegenstände, keine Vermögensrechte im Sinne des BGB.: sie sind bloße Begleiterscheinungen des Besitzes, unselbständige Rechte (vgl. weiter unten im Text). Ebenso ist der Besitzstörungsanspruch (862) ein vom Besitz untrennbares „Recht". Nur der Besitzanspruch auf Wiedereinräumung des Besitzes (861) sowie der Abholungsanspruch (867) könnte als selbständig verfügbares Recht in Frage kommen. Vgl. aber unten Anm. 18.

[11]) Binding, Lehrb. d. gemeinen deutschen Strafrechtes, besonderer Teil, Bd. 1 (2. Aufl. 1902) S. 244. Dazu Binding, Normen, Bd. 1 (2. Aufl. 1890) S. 338 ff. Als Rechtsgut, welches bestimmte rechtliche Vorteile mit sich führt, ist der Besitz „etwas", was „auf Kosten" eines anderen „ohne rechtlichen Grund erlangt" sein kann, so daß der Herausgabeanspruch wegen ungerechtfertigter Bereicherung (condictio possessionis) nach 812 ff. entsteht, Strohal, Sachbesitz S. 56.

[12]) Daß der Erbgang besonders geartet und deshalb auch für den Besitz von besonderer Wirkung ist, wird sich gleichfalls unten herausstellen.

[13]) Vgl. 268: „Betreibt der Gläubiger die Zwangsvollstreckung in einen dem Schuldner gehörenden Gegenstand, so ist jeder, der Gefahr läuft, durch Zwangsvollstreckung ein Recht an dem Gegenstande zu verlieren, berechtigt, den Gläubiger zu befriedigen. Das gleiche Recht steht dem Besitzer einer Sache

Was vom unmittelbaren Besitz gilt, das trifft ebenso zu für den mittelbaren. Zwar über den besitzvermittelnden Herausgabeanspruch (das Forderungsrecht) kann verfügt werden [14]. Aber die Übertragung des Herausgabeanspruchs ist nicht schlechtweg Übertragung des mittelbaren Besitzes. Zum Erwerb des mittelbaren Besitzes muß vielmehr besitzmittlerischer Besitz auf seiten des unmittelbaren Besitzers hinzukommen [15]. Mit dem Herausgabeanspruch wird also mittelbarer Besitz nur dann erworben, wenn die Anforderungen des **Besitzes**, des Erwerbes tatsächlicher Sachherrschaft, nach Erwerb des Herausgabeanspruches in der Person des neuen Besitzers erfüllt sind. Das Forderungsrecht hat er, weil sein Vorgänger, der Verfügende, forderungsberechtigt war (verfügungsmäßige Rechtsnachfolge). Den Besitz aber hat er nicht, weil der Vormann besaß, sondern lediglich, weil er jetzt **selbst** besitzt (ohne verfügungsmäßige Rechtsnachfolge). Auch der mittelbare Besitz ist kein Verfügungsgegenstand, noch ein Recht an einem Gegenstande; er ist kein zweites Vermögensrecht neben dem Forderungsrecht [16].

---

zu, wenn er Gefahr läuft, durch die Zwangsvollstreckung den Besitz zu verlieren." — Der Besitz selber kann niemals ein „Gegenstand" sein, „in den" vollstreckt wird: so wenig er den Gegenstand eines Verfügungsgeschäftes, so wenig kann er den Gegenstand einer Zwangsverfügung darstellen.

[14]) Weil Übertragung des mittelbaren Besitzes durch Verfügung über den Herausgabeanspruch (Abtretung) vor sich geht, wird der mittelbare Besitz „übertragen" (870), nicht bloß überlassen.

[15]) Strohal, Sachbesitz, S. 59. 60 erklärt den Erwerb des mittelbaren Besitzes durch Abtretung des Herausgabeanspruchs für abgeleiteten Besitzerwerb, obgleich er sich selber die Schwierigkeit nicht verhehlt, die darin liegt, daß der Herausgabeanspruch doch nur „den Kern bildet, an welchem sich die Rechtsfolgen des mittelbaren Besitzes ansetzen", und daß zu der Abtretung des Herausgabeanspruchs „die Fortdauer eines zuständlichen Verhältnisses, d. i. der fortdauernde Besitz eines unmittelbaren Besitzers" hinzukommen muß.

[16]) Gegenstand ist nur das besitzvermittelnde Forderungsrecht, nicht außerdem noch der mittelbare Besitz. Es kann nicht außer über das Forderungsrecht auch über den mittelbaren Besitz, auch nicht über das Forderungsrecht ohne den mittelbaren Besitz verfügt werden; ebensowenig ist außer der Zwangsvollstreckung in das Forderungsrecht eine zweite Zwangsvollstreckung in den mittelbaren Besitz denkbar. Der mittelbare Besitz ist eine (überdies durch andere Voraussetzungen bedingte) tatsächliche Wirkung des Forderungsrechts, nicht ein Gegenstand neben dem Forderungsrecht.

3. Keine Gegenstände sind endlich alle **unselbständigen Rechte**, d. h. alle Rechte, welche nur Begleiterscheinungen eines anderen Rechtes oder einer Rechtslage (z. B. des Besitzes) sind: z. B. das Notwehrrecht, das Selbsthilferecht, das Anfechtungsrecht, das Aufrechnungsrecht, das Kündigungsrecht, das Zurückbehaltungsrecht, das Einrederecht, das Recht eine Erbschaft auszuschlagen u. s. f. Auch das Vertretungsrecht und das Verfügungsrecht fallen unter diesen Gesichtspunkt. Alle diese Rechte sind nur Rechte im weiteren Sinne des Wortes (unten § 15). Sie sind keine Verfügungsgegenstände, d. h. keine Vermögensrechte im Sinne des BGB. Soweit solche Rechte Ausfluß eines Vermögensrechtes darstellen (so z. B. das Aufrechnungsrecht, das Verfügungsrecht), können sie mit diesem Vermögensrecht übertragen werden; sie sind aber niemals möglicher Gegenstand einer selbständigen Verfügung. Das gilt, wenigstens als Regel, auch von den **Ansprüchen**. Der Anspruch ist nur Begleiterscheinung eines anderweitigen Rechts oder Rechtsverhältnisses. Über den schuldrechtlichen Anspruch, auch über den Anspruch aus Hypothek, Grundschuld, Reallast kann in der Regel verfügt werden (er ist grundsätzlich übertragbar); aber Verfügung über den Anspruch ist notwendig Verfügung über das entsprechende Hauptrecht, und umgekehrt. Ebenso kann über den Eigentumsanspruch auf Herausgabe von Fahrnis durch Abtretung verfügt werden; aber die Verfügung über den Eigentumsanspruch ist notwendig Verfügung über das Eigentum[17]), und umgekehrt. Wie weit sonstige nicht schuldrechtliche Ansprüche abgetreten werden können, bedarf noch näherer Untersuchung. Im Zweifel wird man von der Nichtabtretbarkeit der rein dinglichen und ebenso der rein personenrechtlichen Ansprüche ausgehen können[18]). Der Anspruch

---

[17]) Entweder Veräußerung oder Belastung (931. 1032).
[18]) Die herrschende Lehre nimmt als selbstverständlich an, daß Ansprüche grundsätzlich abgetreten werden können, vgl. z. B. Planck Bd. 2 zu § 413. Eine nähere Untersuchung fehlt bis jetzt. Urbild des rein dinglichen Anspruchs ist der negatorische Anspruch wegen Störung (862. 1004; vgl. 1133—1135): er kann sicher nicht selbständig abgetreten werden. Der dingliche Herausgabe-

ist (das darf als Regel gelten) entweder unübertragbar oder nicht selbständig übertragbar: Ansprüche sind keine Gegenstände.

Der Begriff des Gegenstandes, den zu umgrenzen im vorigen versucht wurde, ist insbesondere grundlegend für die Rechtssätze vom Rechtserwerb (unten §§ 6—9) und von der Rechtsgemeinschaft (§§ 10—12). Er ist ferner der Grundbegriff des ganzen im dritten Buche enthaltenen „Sachenrechts" (§§ 13. 14) und ermöglicht den Aufbau des Systems der „Rechte" im BGB. (§ 15).

§ 6.
Ursprünglicher und abgeleiteter Rechtserwerb.

Rechtserwerb im Sinne des BGB. ist der Erwerb von Gegenständen[1]. Für den Erwerb von Gegenständen (Sachen und Ver-

---

anspruch (985 ff.) ist stark mit schuldrechtlichen Ansprüchen (auf Schadensersatz, Ersatz von Nutzungen) durchsetzt, die selbstverständlich abgetreten werden können, da sie in Wahrheit Forderungsrechte neben dem Eigentum bedeuten. Ob aber der rein dingliche Herausgabeanspruch, der nur auf Beseitigung der Beeinträchtigung des Eigentums durch Vorenthaltung des Besitzes geht, als solcher abgetreten werden kann, darf bezweifelt werden. Der Fahrnisanspruch kann abgetreten werden, weil damit das Eigentum (bezw. Nießbrauch) übergeht. Abtretung des Liegenschaftsanspruches aber würde keine Übertragung des Grundeigentums bedeuten: der „Cedent" würde Eigentümer bleiben, und auch der von der „Cession" wissende Besitzer würde sich folglich von dem rein dinglichen Anspruch durch Herausgabe an den „Cedenten" befreien (die Rechtssätze von der Abtretung finden also keine Anwendung; „Cession" der Grundstücksvindikation wirkt für den rein dinglichen Anspruch höchstens als unwiderrufliche Bestellung zum procurator in rem suam). Auch der Erbschaftsanspruch, die Ansprüche aus Erbbaurecht, Dienstbarkeit, Pfandrecht entziehen sich, soweit sie rein dinglich sind, der selbständigen Verfügung. Von den rein personenrechtlichen Ansprüchen gilt das gleiche. Man denke z. B. an den Anspruch aus dem Namenrecht (12) oder an den Anspruch auf Herstellung der ehelichen Lebensgemeinschaft (1353). Auch der in 2194 bestimmte Anspruch auf Vollziehung der Auflage ist rein personenrechtlicher Natur und zweifellos unübertragbar (unten § 15 Anm. 13). Von den Besitzansprüchen (Anm. 10) kann das gleiche behauptet werden. — Aus dem vorigen erhellt zugleich von selbst, daß der Anspruch für das Recht des BGB. keineswegs ohne weiteres mit dem Forderungsrecht gleichzusetzen ist (anders z. B. Hellwig, Anspruch und Klagerecht S. 5 ff., Siber, Der Rechtszwang im Schuldverhältnis, 1903, S. 96 ff.; dagegen Langheineken, Anspruch und Einrede, 1903, S. 25. 50).

[1] Vgl. z. B. EG. 86: „Unberührt bleiben die landesgesetzlichen Vor-

mögensrechten) gilt die Unterscheidung des ursprünglichen und des abgeleiteten Rechtserwerbs. Soweit es sich um Nichtgegenstände handelt (Besitz, Schulden usw.), ist die Unterscheidung unanwendbar.

Der Gegensatz des ursprünglichen und des abgeleiteten Rechts= erwerbs bezieht sich auf die Fälle des Sondererwerbs (Gesamt= erwerb, acquisitio per universitatem, ist stets abgeleiteter Natur). Die Art der Unterscheidung ist durch den Begriff des Gegenstandes als eines Verfügungsgegenstandes gegeben. Der hinsichtlich eines Gegenstandes durch Verfügung gemachte Erwerb ist abgeleiteter, der nicht durch Verfügung bezw. der nicht lediglich durch Verfügung gemachte Sondererwerb ist ursprünglicher Rechtserwerb. Weil es in bezug auf Nichtgegenstände überhaupt keine Verfügung gibt, ist die Unterscheidung zwischen abgeleitetem und ursprüng= lichem Erwerb für Nichtgegenstände unmöglich.

Die aus der gemeinrechtlichen Wissenschaft stammende herrschende Lehre hat es zu einer klaren Abgrenzung der Fälle des ursprüng= lichen und des abgeleiteten Erwerbes nicht gebracht. Das Wesen des Unterschiedes pflegte früher in die Wirkung gesetzt zu werden: bei abgeleitetem Erwerbe sei das Recht des Erwerbers „identisch" mit dem Rechte seines Vormannes[2]), bei ursprünglichem Erwerbe nicht. Damit waren die Fälle des sog. translativen Erwerbes be= schrieben, aber auch für diese Fälle ein juristischer Gesichtspunkt nicht gewonnen. Es begann ein selbstverständlich völlig unfrucht= barer Streit, ob das Recht des Veräußerungserwerbers „identisch" sei mit dem Recht des Veräußerers[3]). Brinz bemerkte zutreffend, daß vielmehr auch das Recht des durch Ersitzung Erwerbenden als „identisch" mit dem Recht des Vorberechtigten betrachtet werden müsse, da auch bei diesem nach Ansicht der anderen „ursprüng=

---

schriften, welche den Erwerb von Rechten durch juristische Personen be= schränken — soweit diese Vorschriften Gegenstände im Werte von mehr als 5000 Mk. betreffen."

[2]) Vgl. Windscheid, Pand. Bd. 1 § 64 Ziff. 2.

[3]) Vgl. die bei Windscheid a. a. O. Anm. 6 angegebene Literatur, auch Regelsberger, Pand. Bd. 1 § 120, Hölder, Pand. S. 185.

Der Gegenstand. § 6. Rechtserwerb.

lichen" Erwerbe die Erweiterungen und Belastungen des erworbenen Rechts nach Maßgabe der Rechtslage beim Vorberechtigten sich bestimmen⁴). Die neuere Literatur legt deshalb das entscheidende Gewicht nicht mehr auf die Wirkung als solche, sondern auf **den Grund ihres Eintritts,** auf das Kausalverhältnis: abgeleitet ist der in dem Recht des Vorberechtigten **begründete,** ursprünglich der in dem Recht des Vorberechtigten **nicht** begründete Erwerb; der abgeleitete Erwerb tritt **kraft,** der ursprüngliche Erwerb aber **trotz** des Rechtes des Vorberechtigten (so die Ersitzung) oder doch **unabhängig** von dem Recht eines Vorberechtigten ein⁵). Dieser Gedanke ist zweifellos richtig. Aber er gibt nur über die **formelle** Art des Erwerbes Aufschluß: daß der eine fremdes Recht zur Ursache hat, der andere nicht, daß der eine das Recht des Nachmannes mit dem Recht des Vormannes „verbindet", der andere nicht. Dafür aber, **welche Erwerbsgründe** der einen oder der anderen Seite zuzuzählen sind (und das ist gerade die Schwierigkeit, um die es sich handelt), gewährt die übliche Art der Begriffsbestimmung keinerlei Anhaltspunkt. Die Umschreibung der Fälle des abgeleiteten Erwerbes lautet daher durchweg, soweit überhaupt eine Antwort auf die Frage zu geben versucht wird⁶), sehr unbestimmt. Es heißt etwa, daß der abgeleitete Erwerb eintritt „durch Rechtsgeschäfte, auf Grund von Handlungen einer Behörde, insbesondere bei einer Zwangsvollstreckung, endlich unter gewissen Umständen unmittelbar kraft Gesetzes, § 412 BGB."⁷). Der einzige, der auf dem Boden

---

⁴) Brinz, Pand. Bd. 1 § 76 II, und in Bekker und Muthers Jahrb. d. gem. R. Bd. 3 S. 31. 32. Dabei bleibt Brinz allerdings in dem Geleise der überlieferten Ansicht, insofern er die Schlußfolgerung zieht, daß wegen der „Identität" auch der Ersitzungserwerb „abgeleiteter" Erwerb sei.

⁵) Vgl. z. B. Hölder, Pand. S. 180 ff., Allg. Teil S. 446; Dernburg, Bürg. R. Bd. 1 § 103; Crome, Syst. Bd. 1 § 71 S. 313; Regelsberger in Jherings Jahrb. Bd. 47 S. 375; und insbesondere Hellwig, Rechtskraft S. 92 ff., Civilprozeßrecht Bd. 1 S. 273.

⁶) Was keineswegs immer der Fall ist; vgl. z. B. Crome a. a. O.

⁷) So Dernburg, Bürg. R. Bd. 1 § 103, III S. 315. Das lautet ungefähr ebenso wie bei Hellwig, Rechtskraft S. 94. Civilproz. S. 273. Nicht viel weiter kommt man bei Romeick, Zur Technik des BGB. Heft 3:

des BGB. unsere Frage mit Nachdruck untersucht hat, ist Hellwig [8]). Seine Ausführungen sind, wie immer, bedeutend; aber sie fordern zum Widerspruch heraus. Nach Hellwig gibt es abgeleiteten Erwerb nicht bloß in bezug auf Rechte, sondern überhaupt in bezug auf eine „Rechtsstellung", so daß auch Besitz und Schuldübernahme unter den Begriff des abgeleiteten Erwerbes und damit der Rechtsnachfolge fallen können [9]). Abgeleiteter Erwerb solcher Art tritt nach Hellwig ein „durch ein Rechtsgeschäft oder durch einen Staatsakt, welche auf die Herbeiführung der Rechtsnachfolge gerichtet sind, oder durch die Verwirklichung des sonstigen Tatbestandes, der kraft Gesetzes das neue Rechtsverhältnis deshalb entstehen läßt, weil das Ursprungsverhältnis bestand" [10]). Diese Auskunft bringt wenig weiter, weil der gesuchte Begriff in der Antwort wiederkehrt: es fragt sich ja gerade, welche Rechtsgeschäfte auf „Herbeiführung der Rechtsnachfolge gerichtet", für welche Fälle der gesetzliche Erwerb vom „Ursprungsverhältnis" abhängig ist [11]). Wir hören weiter bei Hellwig, daß Rechtsgeschäfte abgeleiteten Erwerb herbeiführen, wenn sie auf „Übertragung" gerichtet sind, aber auch diese Aus-

---

Rechtsnachfolge (1904) S. 77 (in Anschluß an Bekker, Pand. Bd. 1 S. 105): Rechtsnachfolge ist „die kausale Verbindung zweier Rechtsstellungen, welche beiderseits, von seiten des Vorgängers und des Nachfolgers, nicht nur gewußt, sondern auch gewollt wird, oder welche beiderseits kraft Vorschrift des Gesetzes (z. B. 774 Abs. 1, 1143 Abs. 1 BGB.) gewollt werden muß". Auch hier erhält man keine deutliche Antwort auf die Frage, durch welche Rechtsgeschäfte die kausale Verbindung „gewollt wird" und überhaupt keine Antwort auf die Frage, kraft welcher Gesetze die Verbindung „gewollt werden muß" (überdies ist der abgeleitete Erwerb durch obrigkeitliche Verfügung nicht berücksichtigt).

[8]) Hellwig, Rechtskraft S. 92 ff. 203 ff. 242 ff. 300 ff. Lehrbuch des Civilprozeßrechts Bd. 1 S. 273 ff. Kritisch zu Hellwig Romeick a. a. O. (Anm. 7). Die polemischen Ausführungen Romeick's sind in der Regel treffend; aber es gelingt ihm nach meiner Ansicht nicht, eine in sich zusammenhängende positive eigne Lehre zu entwickeln. Gegen Hellwigs Lehre über den Erwerb vom Nichtberechtigten Regelsberger in Jherings Jahrb. Bd. 47 S. 339 ff.

[9]) Auch hierin schließt Dernburg, Bürg. R. Bd. 1 § 103 sich an Hellwig an. Auch Romeick S. 77 spricht von Verbindung zweier „Rechtsstellungen". Ebenso schon früher Regelsberger, Pand. Bd. 1 § 122 (wo auch die Schuldübernahme ausdrücklich als ein Fall der „Succession" genannt ist).

[10]) So Hellwig, Rechtskraft S. 94. Civilproz. S. 273.

[11]) Das bemerkt treffend Romeick S. 76.

kunft versagt, da hinzugefügt wird: „Übertragung" solle hier in einem „weiteren, auf jeden abgeleiteten Rechtserwerb bezüglichen Sinn" verstanden werden[12]). Auch der Begriff der „Verfügung" erscheint: das Regelmäßige sei, daß die Rechtsnachfolge durch eine „Verfügung" herbeigeführt werde, aber wiederum mit dem Zusatz: „Verfügung wird hier in einem weiteren Sinn genommen, als das BGB. den Ausdruck gewöhnlich gebraucht", nämlich für „jedes Rechtsgeschäft, welches zu Lasten eines anderen eine Rechtswirkung begründet, welche nach der Regel nur von diesem selbst in das Leben gerufen werden könnte"[13]). Alle Tatbestände verschwimmen hier ins Unbestimmte. Der Begriff der Nachfolge in eine „Rechtsstellung" ist viel zu weit. Die Hauptsache ist: für diesen, die verschiedenartigsten Fälle (auch Schuldübernahme, Besitzerwerb) umfassenden Kreis von Tatbeständen ist kein einziger überall durchgreifender Rechtssatz im BGB. enthalten. Diese „Übertragung", diese „Verfügung" ist dem BGB., nicht bloß seinem Wortlaut, sondern auch seinem Inhalt nach unbekannt. Eine solche Abgrenzung der Erwerbsarten ist zu suchen, die den inneren Aufbau des Gesetzbuches zum Ausdruck bringt.

Die Lösung der Schwierigkeit ergibt sich, wie oben schon kurz gesagt wurde, aus dem Wesen des Gegenstandes. Rechtsnachfolge gibt es nur in bezug auf Gegenstände. Sondererwerb in bezug auf Verfügungsgegenstände wird entweder durch Verfügung (abgeleiteter Erwerb) oder nicht durch Verfügung (als solche) gemacht (ursprünglicher Erwerb). Überall, wo das BGB. die auf Sondererwerbsgrund beruhende „Herleitung" von Rechten von einem Vormann als möglich setzt, beschreibt es den zu Grunde liegenden Tatbestand als Verfügungstatbestand. Der Verfügungstatbestand kann in einem Verfügungsgeschäft, einem verfügenden Gestaltungsgeschäft, einer Zwangsverfügung bestehen[14]). Der verfügungsmäßige Erwerb ist abgeleiteter, der nicht verfügungsmäßige

---

[12]) Hellwig, Rechtskraft S. 95 Anm. 13.
[13]) Hellwig, Rechtskraft S. 96 ff. 98 Anm. 10.
[14]) Vgl. 135. 161. 892. 893. 2366. 2367; auch 883, 2.

ist ursprünglicher Erwerb. Für die Fälle des verfügungsmäßigen Erwerbs kommt es darauf an, ob derjenige, auf dessen Rechnung die Verfügung vor sich geht (der Rechtsvorgänger, auctor), berechtigt war oder nicht: es gilt die Unterscheidung der Verfügung des Berechtigten und der Verfügung des Nichtberechtigten.

Der Gegensatz des ursprünglichen und des abgeleiteten Erwerbes besteht nur für die Fälle des Sondererwerbes. Gesamterwerb ist stets abgeleiteter Natur (unten § 7).

Ursprüngliche Erwerbsgründe sind an erster Stelle alle Sondererwerbsgründe, die überhaupt **keinen** Verfügungstatbestand bedeuten. Unter diesen Gesichtspunkt fällt der Erwerb durch Aneignung, Ersitzung, Verbindung, Verarbeitung, Finden[15]). In all diesen Fällen fehlt es an einem durch den Erwerbstatbestand bezeichneten Rechtsvorgänger, d. h. es fehlt an einem Rechtsvorgänger, auf dessen Berechtigung der Erwerb seine Wirkung **gründet**. Die Person des bis dahin etwa Berechtigten ist **gleichgültig**. Zwar gehört es zum Tatbestande der Aneignung, daß die Sache herrenlos ist (958, 1), daß also bei Aneignung einer preisgegebenen Sache die Preisgabe seitens des (geschäftsfähigen) Eigentümers erfolgte (928. 959). Aber der Aneignende erwirbt nicht kraft der Berechtigung des Voreigentümers, sondern lediglich weil und wenn gegenwärtig **niemand** Eigentümer ist. Der Aneignungstatbestand nimmt auf keinen bestimmten Vorberechtigten Bezug. Der Preisgebende ist ein Vorgänger im Rechte, aber nicht ein Rechtsvorgänger, den der Erwerbstatbestand als solcher bezeichnet[16]). Ebenso hat im Fall der

---

[15]) Der Erwerb von Erzeugnissen und Bestandteilen ist bald ursprünglicher Erwerb, nämlich wenn er kraft dinglichen Fruchtrechts (ohne Verfügung) gemacht wird, bald abgeleiteter Erwerb, wenn er kraft „Gestattung" (956), d. h. kraft Verfügung eintritt. Im letzteren Falle gilt die Unterscheidung der Verfügung des Berechtigten von der Verfügung des Nichtberechtigten (957).

[16]) Hellwig, Rechtskraft S. 272 erklärt die Aneignung einer preisgegebenen Sache für einen „abgeleiteten Rechtserwerb", weil der Aneignende zwar „nicht sein Eigentum", aber doch die Möglichkeit der Aneignung („condicio occupandi") vom früheren Eigentümer „ableite". Dagegen mit Recht Romeick S. 78. 79. „Abgeleiteten" Erwerb einer bloßen Möglichkeit gibt es nicht. Man sieht, zu welchen Schlußfolgerungen der Begriff der Rechtsnachfolge in

Ersitzung der Erwerbende einen Vorgänger im Rechte, aber keinen Rechtsvorgänger, auf dessen Recht der Ersitzungstatbestand für den Eigentumserwerb hinweist, d. h. keinen Rechtsvorgänger, von dem der Erwerb „hergeleitet" würde. Die begrenzten Rechte an der Sache werden, wie durch die Preisgabe und nachfolgende Aneignung, so auch durch die Ersitzung als solche nicht berührt. Insofern es sich um die Belastungen der Sache handelt [17]), ist die Unterscheidung des Vorgängers im Rechte (bei ursprünglichem Erwerb) und des eigentlichen Rechtsvorgängers (bei abgeleitetem Erwerb) bedeutungslos [18]). Darum gebraucht das BGB. den Ausdruck „Rechtsvorgänger" auch im weiteren Sinn, nämlich dann, wenn die Rechtswirkungen von Belastungen gegenüber dem gegenwärtigen Eigentümer in Frage stehen [19]). Sonst aber, wenn es sich um die Bestimmung der Art des Erwerbes selber handelt, hat der Ausdruck „Rechtsvorgänger" und ebenso der entsprechende „Rechtsnachfolger" im

---

eine „Rechtsstellung" führt (überdies hatte ja der Preisgebende als Eigentümer selber keine Möglichkeit der Okkupation!).

[17]) Ebenso sofern die einem Grundstück erworbenen Gerechtigkeiten in Frage kommen (96).

[18]) Besonders geartet sind die Fälle des Anfalls bezw. Rückfalls infolge bedingten oder betagten Verfügungsgeschäftes (unten § 8).

[19]) Das ist der Fall in 1164. 1173. 1174. 1182. 2168, 2 (die Fälle sind alle ganz gleichartig). Daß in diesen Vorschriften der Ausdruck „Rechtsvorgänger" den weiteren Sinn hat, also auch den bloß zeitlich voraufgehenden Vorgänger im Rechte bei ursprünglichem Erwerb umfaßt, führt treffend aus Regelsberger in Jherings Jahrb. Bd. 47 S. 370. 371. — Die Tatsache, daß die begrenzten Rechte durch die Eigentumsersitzung und ebenso durch Preisgabe und Aneignung nicht berührt werden, ist zweifellos. Vgl. für die Ersitzung von Fahrnis 945, für die Preisgabe eines Grundstückes CPO. 58. Hellwig, Anspruch und Klagrecht S. 232. 233. In Anschluß an Brinz (oben Anm. 4) beziehen deshalb Dernburg, Pand. Bd. 1 § 81; Bürg. R. Bd. 1 § 103; Hölder, Pand. S. 178 ff. den Begriff der „Succession" auch auf die Fälle ursprünglichen Erwerbes (so daß ursprüngliche, unverbundene und abgeleitete, verbundene Rechtsnachfolge unterschieden werden). Wissenschaftlich zweckmäßiger und sowohl dem überlieferten Sprachgebrauch wie insbesondere auch der Meinung des BGB. entsprechender (vgl. Anm. 20) ist es, den Ausdruck „Rechtsnachfolge" nur für die Rechtsnachfolge im eigentlichen Sinne, d. h. für die Fälle des abgeleiteten Erwerbes zu gebrauchen, Regelsberger a. a. O. S. 372.

BGB. den engeren, eigentlichen Sinn, d. h. er bezeichnet nur das Verhältnis des abgeleitet Erwerbenden zu seinem Vormanne [20]).

Rechtsvorgängerschaft und Rechtsnachfolge im eigentlichen Sinn wird nur durch abgeleiteten Erwerb begründet: durch verfügungsmäßigen Erwerb (Sondernachfolge) und durch Gesamterwerb (Gesamtnachfolge).

Eine Sonderstellung nimmt der Rechtserwerb ein, der „vom Nichtberechtigten hergeleitet" wird. Er bedeutet, sofern der Mangel des Verfügungsrechts durch Legitimation ersetzt wird, Erwerb **nicht durch die Verfügung** als solche, obgleich eine Verfügung Voraussetzung des Erwerbes ist. Er begründet das Verhältnis der Rechtsnachfolge, aber nur gegenüber einem Nichtberechtigten, so daß der Erwerb dennoch **nicht durch Rechtsnachfolge**, d. h. wiederum: nicht verfügungsmäßig, vor sich geht. Dieser Erwerb ist eine Art [21]) **des ursprünglichen Erwerbes** (unten § 9).

§ 7.

Gesamtnachfolge.

Gesamtnachfolge (genauer: Gesamt-Rechtsnachfolge) ist die Rechtsnachfolge in einen **Vermögensinbegriff** (ein „Vermögen",

---

[20]) Vgl. 221. 943. 861. 862. 999, 1 (unten § 8). In 221. 943 ist von einem „durch Rechtsnachfolge" erlangten Besitz die Rede. Es ist zweifellos, daß nur die durch **abgeleiteten Erwerbsgrund** vermittelten Fälle des Besitzerwerbs gemeint sind (Regelsberger S. 371). Ebenso kann 861. 862, wo von der Wirkung der Fehlerhaftigkeit des Besitzes gegenüber einem „Rechtsvorgänger" des gegenwärtigen Besitzers die Rede ist, nur von den Fällen des auf abgeleitetem Erwerb beruhenden Besitzerwerbes verstanden werden (es soll auch hier zweifellos nicht jeder Vorbesitzer gemeint sein). Ganz das gleiche gilt für 999, 1: der Besitzer kann für Verwendungen „eines Vorbesitzers, dessen Rechtsnachfolger er geworden ist", Ersatz verlangen (vgl. den Gegensatz in 999, 2: der Eigentümer ist verpflichtet, auch Verwendungen zu ersetzen, die gemacht sind „bevor er das Eigentum erlangt hat"; auf seiten des Eigentümers bedarf es keines Rechtsnachfolgeverhältnisses).

[21]) Die zweite Art neben den oben genannten Fällen des Erwerbs **ohne Verfügungstatbestand**.

Der Gegenstand. § 7. Gesamtnachfolge. 39

oben S. 23), d. h. in eine Gesamtheit von Gegenständen[1]). Sie geht durch einen personenrechtlichen Tatbestand für alle zu dem „Vermögen" gehörenden Gegenstände einheitlich kraft Rechtssatzes, nämlich kraft personenrechtlichen Güterrechts vor sich, ohne daß es der Tatbestände bedürfte, die das Vermögensrecht für den Sondererwerb der einzelnen Gegenstände fordert (vgl. 1438, 2). Die Gesamtnachfolge geschieht, wie man es in der Sprache des BGB. ausdrücken kann, durch Anfall einer Gesamtheit von Gegenständen. Sie begründet stets abgeleiteten, von der rechtlichen Zugehörigkeit des Gegenstandes zu dem Vermögensinbegriff abhängigen Erwerb und wirkt stets übertragend im engeren Sinn (translativ): das Recht fällt an in seinem bisherigen Bestande.

Solche Gesamtnachfolge tritt nach BGB. ein kraft gütergemeinschaftlicher Ehe (1438), kraft Eintritts in eine Gesellschaft,[2]) kraft Erwerbes der Mitgliedschaft in der Erbengemeinschaft[3]), kraft Unterganges einer juristischen Person[4]). Eine Sonderstellung nimmt, wie sich aus dem Folgenden ergeben wird, der Erbgang ein.

---

[1]) Von Fällen und Wesen der Gesamtnachfolge hat auf dem Boden des BGB. als erster in eindringender Weise gehandelt Hellwig, Rechtskraft S. 203 ff.; Civilproz. Bd. 1 S. 279 ff. Im Gegensatz zu Hellwig aber bin ich der Meinung, daß die Gesamtnachfolge als solche bloße Gesamt-Rechtsnachfolge ist und sich deshalb von der Erbfolge wesentlich unterscheidet. Damit hängt die verschiedene Beurteilung des „Eintritts in die Schulden" zusammen. — In den Fällen der Ab- und Anwachsung (738: Ausscheiden eines Gesellschafters; 1483 ff. 1490 ff.: fortgesetzte Gütergemeinschaft) sehe ich, gegen Hellwig, keine Gesamtnachfolge: Anwachsung ist kein Rechtserwerb.

[2]) Nicht bloß in eine offene Handelsgesellschaft bezw. Kommanditgesellschaft, sondern ebenso (gegen Hellwig, Rechtskraft S. 207) kraft Eintritts in eine bürgerliche Gesellschaft, vgl. Gierke, Vereine ohne Rechtsfähigkeit, 2. Aufl., 1902, S. 24 ff. Der „Anteil" des Gesellschafters „an dem Gesellschaftsvermögen" (719) bedeutet die Mitgliedschaft in der Gesellschaft (vermögensrechtliche Anteile am „Vermögen" gibt es nicht), d. h. ein personenrechtliches Verhältnis, hängt also an der Mitgliedschaft (vgl. unten § 12). Für das Innenverhältnis (Gesamtberechtigung) ist die bürgerliche Gesellschaft der Handelsgesellschaft durchaus gleichartig.

[3]) D. h. durch Erwerb des Anteils eines Miterben am Nachlasse (2033, 1): der „Anteil" des Miterben am „Nachlasse" ist Mitgliedschaft in der Erbengemeinschaft, d. h. ein personenrechtliches Verhältnis.

[4]) Fällt das Vermögen der aufgelösten juristischen Person an den Fiskus,

In allen genannten Fällen[5]) bedeutet die Gesamtnachfolge den Eintritt in ein Gesamtrechtsverhältnis. Das Gesamtrechtsverhältnis (Berechtigung zu gesamter Hand) besteht niemals in bezug auf einzelne Gegenstände als solche, sondern immer nur in bezug auf einen Vermögensinbegriff, der einem bestimmten personenrechtlichen Verhältnis (der gütergemeinschaftlichen Ehe, dem Gesellschaftsverhältnis, der Erbengemeinschaft, der Gemeinschaft der Anfallsberechtigten) unterliegt. Eintritt in ein Gesamtrechtsverhältnis geschieht daher ausschließlich durch einen personenrechtlichen Vorgang[6]) für einen Vermögensinbegriff, und die Wirkung der Gesamtnachfolge erschöpft sich in allen namhaft gemachten Fällen in der Erzeugung der Berechtigung zu gesamter Hand. Gesamtberechtigung ist aber

---

so gilt das Recht vom Erbgang (46). Sonst aber tritt schlichte Gesamtnachfolge, „Anfall" des „Vermögens" an die Anfallsberechtigten, ein (45), vgl. Hellwig, Verträge auf Leistung an Dritte (1899) S. 393 ff. Das an die Anfallsberechtigten fallende „Vermögen" ist nur das Aktivvermögen (Binder, Rechtsstellung des Erben Bd. 1 S. 14), aber nicht bloß, wie Binder meint, der „Überschuß", sondern die bei der Auflösung vorhandenen Gegenstände, die den Anfallsberechtigten zu gesamter Hand gemeinsam werden: für die Auseinandersetzung gelten die zwingenden Vorschriften von der Liquidation 47 ff. Sondervorschriften hat das HGB. 304—306 für den Fall, daß Reich, Bundesstaat oder ein inländischer Kommunalverband das Vermögen einer Aktiengesellschaft „als Ganzes" übernehmen, und für den Fall der Fusion einer Aktiengesellschaft mit einer anderen Aktiengesellschaft bezw. Kommanditaktiengesellschaft. In diesen Fällen kann vereinbart werden, daß die Liquidation unterbleibt und tritt dann Übergang des Vermögens einschließlich der Schulden wie beim Erbgang ein.

[5]) Mit Ausnahme des Erbgangs und der nach Art des Erbgangs behandelten Fälle (BGB. 46, HGB. 304—306, vgl. Anm. 4).

[6]) Das eigentümliche im Fall des Eintritts in eine bestehende Erbengemeinschaft ist, daß hier der personenrechtliche Vorgang (Erwerb der Mitgliedschaft) durch Sondernachfolge in die Mitgliedschaft, die in diesem Falle ausnahmsweise Verfügungsgegenstand ist (2033, 1), vermittelt wird. Der Erwerb der Gesamtberechtigung in bezug auf alle einzelnen Gegenstände (2033, 2) aber geht auch in diesem Fall auf grund des personenrechtlichen Tatbestandes, ohne daß es für die einzelnen Gegenstände eines Sondererwerbsgrunds bedürfte, einheitlich, d. h. kraft Gesamtnachfolge, vor sich. Daß die Veräußerung der Mitgliedschaft in der Erbengemeinschaft keine Veräußerung des Miterbrechts bedeutet, zeigt Strohal, Erbrecht Bd. 2 (3. Aufl.) S. 97 Anm. 20. — Ich brauche kaum zu sagen, daß ich in bezug auf die Auffassung der Gesamtberechtigung insoweit auf dem Boden der durch Gierke gewonnenen Ergebnisse stehe, vgl. insbesondere Gierke, Die Genossenschaftstheorie (1887) S. 343 ff., aber auch unten § 12.

Der Gegenstand. § 7. Gesamtnachfolge. 41

nur in bezug auf Gegenstände möglich (unten § 12). Es gibt keine Rechtsgemeinschaft in bezug auf den Besitz oder in bezug auf Schulden. Darum wirkt die Gesamtnachfolge als solche weder auf den Besitz noch auf die Schulden. Gütergemeinschaft, Erbengemeinschaft, die Gemeinschaft der Gesellschafter, der Anfallsberechtigten, schließen als solche zweifellos keine Besitzgemeinschaft in sich: der Besitz kann nicht durch personenrechtlichen Vorgang, er kann nur durch Erlangung der tatsächlichen Gewalt (854) erworben werden[7]). Ebenso zweifellos wirken jene Vorgänge keine Schuldengemeinschaft (die überhaupt nicht denkbar ist). Die Frage der Schuldenhaftung ist vielmehr für die einzelnen Fälle selbständig zu beantworten[8]). Die Gesamtnachfolge als solche ist keine Gesamtschuldennachfolge, sondern bloße Gesamt-Rechtsnachfolge.

Das ist der Punkt, an dem die Erbfolge von der schlichten Gesamtnachfolge sich unterscheidet. Die Erbfolge ist mehr als bloße Gesamtrechtsnachfolge, als bloße Nachfolge in einen Inbegriff von

---

[7]) Andrer Meinung allerdings z. B. Strohal, Sachbesitz S. 97, der den Mitbesitz des Gesellschafters zu seinem „Anteil am Gesellschaftsvermögen" rechnet. Dagegen mit Recht M. Wolff, Der Mitbesitz nach dem BGB., in Jherings Jahrb. Bd. 44 S. 153. 154. Der „Besitz" des Erben nach 857 ist kein wirklicher Besitz, unten S. 42.

[8]) Durch Gütergemeinschaft werden die eingebrachten Schulden von Mann und Frau Gesamtgutsverbindlichkeiten nach Maßgabe von 1459 ff. Der Eintritt in die Erbengemeinschaft begründet Haftung für die Nachlaßverbindlichkeiten (2382. 2385), die nach Maßgabe von 2036. 2037 wieder erlöschen kann. Der Anfall des Vermögens einer aufgelösten juristischen Person wirkt (von dem Fall des Fiskus abgesehen) keinen Übergang der Schulden auf die Anfallsberechtigten (so ist mit Binder gegen Hellwig anzunehmen, oben Anm. 4). Daher die zwingende Vorschrift von der Liquidation: die Schulden werden als Schulden der juristischen Person bezahlt (49). Ebenso ist bei Eintritt eines neuen Gesellschafters in die bürgerliche Gesellschaft (anders im Fall der Handelsgesellschaft nach HGB. 130) von einer persönlichen Schuldhaftung des neu eintretenden Gesellschafters für frühere Schulden keine Rede: nur für seinen Anteil am Gesellschaftsvermögen muß er die früheren Schulden als „gemeinschaftliche", aus dem Gesellschaftsvermögen zu befriedigende Schulden (733) anerkennen. Wie man sich aber auch zu diesen, zum Teil sehr schwierigen Fragen stellen möge, jedenfalls ist klar, daß, gegen Hellwig, Rechtskraft S. 203 Anm. 1, der „Eintritt in die auf dem Vermögen lastenden Schulden" nicht kraft einheitlichen, durch das Wesen der Gesamtnachfolge gegebenen Rechtsgrundsatzes stattfindet.

Gegenständen (Vermögensinbegriff). Sie wirkt Nachfolge auch in den „Besitz": der Besitz geht auf den Erben über (857). Sie wirkt Nachfolge auch in die Schulden (1967). Die Besitznachfolge des Erben ist wirkliche Nachfolge[9]), allerdings nur in die **rechtliche Stellung** eines Besitzers, nicht als ob der Erbe als solcher wirklich besäße (dann wäre es unmöglich, daß der Erbe später „tatsächlich den Besitz ergreift", vgl. 2025 Satz 2). Auch die Nachfolge des Erben in die Schulden ist wirkliche Nachfolge: der Erbe haftet persönlich, wenngleich beschränkbar, lediglich aus der Schuld des Erblassers. Ja, der Erbgang wirkt überhaupt den Eintritt des Erben in alle von der Vererbung nicht ausgeschlossenen vermögensrechtlichen Beziehungen des Erblassers, mögen sie die Gestalt von fertigen Rechten oder Verbindlichkeiten haben oder nicht. Erbfolge bedeutet wirklich Nachfolge in eine Rechtsstellung, in die **gesamte** vermögensrechtliche Stellung des Erblassers, soweit nicht der Tod eine Änderung herbeiführt[10]). Dies drückt das Gesetzbuch mit den Worten aus, daß auf den Erben „**das Vermögen als ganzes**" übergeht (1922). Die Erbfolge ist nicht bloße Rechtsnachfolge, auch keine bloße Gesamtrechtsnachfolge. Sie ist **Persönlichkeitsnachfolge** (successio in personam, nicht bloß in rem). Das bedeutet, daß die Erbfolge den Eintritt in alle vermögensrechtlich gearteten Rechtsverhältnisse des Erblassers herbeiführt, auch in den Besitz, auch in die Schulden[11]). Die

---

[9]) Darum wirkt denn auch die Fehlerhaftigkeit des erblasserischen Besitzes gegen den Erben als solchen (858, 2). Die tatsächliche Gewalt des Erblassers kommt, falls nicht ein in contrarium actum eingetreten ist, von Rechts wegen dem Erben zugute. Vgl. über die schwierige Frage Strohal, Sachbesitz S. 96 ff. und die Gegengründe von Binder, Rechtsstellung des Erben Bd. 1 S. 45 ff. — Was vom Besitzübergang auf den Erben gilt, wird entsprechend auch in den Fällen anzuwenden sein, die nach Art des Erbgangs behandelt werden, oben Anm. 4.

[10]) Das wird, insbesondere gegen Binder, Rechtsstellung des Erben Bd. 1 S. 7 ff., schlagend ausgeführt von Strohal, Erbrecht Bd. 1 (3. Aufl.) S. 15 ff.

[11]) Um dieses Wesen der Erbfolge auszudrücken, ist der Begriff der Nachfolge des Erben in die vermögensrechtliche Persönlichkeit des Erblassers unent-

Gesamtnachfolge als solche ist Nachfolge nur in Gegenstände; die Erbfolge ist in dem angegebenen Sinne Nachfolge in die erblasserische vermögensrechtliche Persönlichkeit.

§ 8.
Sondernachfolge.

Sondernachfolge ist Rechtsnachfolge kraft **verkehrsrechtlichen (vermögensrechtlichen) Vorgangs**, nämlich kraft Verfügungstatbestandes: mag die Verfügung durch echtes Verfügungsgeschäft oder durch verfügendes Gestaltungsgeschäft oder durch Zwangsverfügung vor sich gehen. Die Verfügung ist der abgeleitete Sondererwerbsgrund des BGB. Wo Verfügungswirkung, da ist Sondernachfolge. Ohne Verfügung kein abgeleiteter Sondererwerb.

1. **Arten der Sondernachfolge.** Soviel Arten der Verfügungen, soviel Arten der Sondernachfolge. Es gibt übertragende, belastende, rechtsändernde und rechtsaufhebende Verfügung. Durch übertragende Verfügung erwirbt der Rechtsnachfolger das gleiche Recht, welches der Rechtsvorgänger hatte. Durch belastende Verfügung erwirbt er ein anderes, neues, nämlich ein begrenztes gegenständliches Recht. Durch rechtsändernde und rechtsaufhebende Verfügung erwirbt er gar kein Recht, sondern nur die Rechtsänderung bezw. die Befreiung vom gegnerischen Recht (vgl. 2366, auch oben

---

behrlich. Nur gegen irrige Vorstellungen, die mit diesem Begriff verbunden worden sind, richtet sich die Polemik neuerer Schriftsteller (vgl. insbesondere Hölder in der Sav. Zeitschr. f. RG. Bd. 16 S. 221 ff.). Die herrschende Lehre denkt die Erbfolge als den Hauptfall und Normalfall der Gesamtnachfolge (so auch Hellwig, Rechtskraft S. 203). Sobald klar ist, daß die Erbfolge von den Fällen der schlichten Gesamtnachfolge sich im Wesen unterscheidet, bedarf es eines ihre Eigenart ausdrückenden Begriffs, und dieser Begriff ist der der Nachfolge in die „vermögensrechtliche Persönlichkeit" des Erblassers. Er bringt deutlich den Eintritt des Erben in die gesamte vermögensrechtliche Rechtslage des Erblassers zum Ausdruck. So dürfte die nach Strohals Ansicht (Erbrecht Bd. 1 S. 17 Anm. 23) „jetzt völlig überwundene ältere Lehre" von der Nachfolge des Erben in die vermögensrechtliche Persönlichkeit des Erblassers doch noch wieder, und zwar grade auf dem Boden des BGB. (a. M. Kipp bei Windscheid, Pand. 8. Aufl. Bd. 3 S. 182), zu Ehren kommen.

S. 12). Die Sondernachfolge ist immer auf einen Gegenstand bezüglich, fällt aber nicht mit Erwerb eines Gegenstandes (Rechtserwerb in diesem Sinne) zusammen. Rechtserwerb im Sinne der Sondernachfolge bedeutet nur Erwerb eines Vermögensvorteils hinsichtlich eines bestimmten Gegenstandes durch Verfügung. „Identität" des erworbenen „Rechts" mit dem Recht des Rechtsvorgängers ist gleichgültig. Entscheidend ist allein die Form des Erwerbsgrundes. Abgeleiteter Sondererwerb ist der verfügungsmäßige „Rechtserwerb".

2. **Ohne Verfügung keine Sondernachfolge.** Alle Fälle des ursprünglichen Erwerbes ohne Verfügungstatbestand begründen keine Rechtsnachfolge (oben S. 36 ff.). Das gleiche gilt vom Rückerwerb infolge auflösender Bedingung oder Endtermins. Bei aufschiebend bedingter und betagter Verfügung ist auch die Rechtsnachfolge aufschiebend bedingt bezw. betagt. Wie die Verfügung so die Rechtsnachfolge. Mit Eintritt der Bedingung, des Termins, tritt hier Rechtsnachfolge ein, aber kraft der damaligen Verfügung und infolgedessen grundsätzlich nach Maßgabe der damaligen Berechtigung des Verfügenden (des Rechtsvorgängers), folglich mit entkräftender Wirkung für die Zwischenverfügungen des Vormannes (161, 1). Umgekehrt wird durch Eintritt einer auflösenden Bedingung bezw. eines Endtermins das Rechtsnachfolgeverhältnis aufgelöst. Es tritt Abfall des erworbenen Rechts und Rückfall an den Vormann ein, lediglich kraft Auflösung der Wirkungen der Vorverfügung ohne neue Verfügung des Zwischenberechtigten. Darum begründet der Rückfall an den Vormann keine Rechtsnachfolge des Vormannes in das Recht des Zwischenberechtigten[1]) und sind deshalb die Verfügungen des Zwischenberechtigten für den Rückerwerber unverbindlich (161, 2). Der Rückerwerber macht keinen abgeleiteten

---

[1]) A. M. Hellwig, Rechtskraft S. 111 ff. Civilproz. Bd. 1 S. 277. 278. Dagegen, mit der herrschenden Meinung, Strohal, Erbrecht Bd. 1 (3. Aufl.) S. 11 Anm. 3. So ist denn auch (gegen Hellwig, Rechtskraft S. 219 ff.) der Nacherbe kein Rechtsnachfolger des Vorerben, obgleich gewisse Verfügungen des Vorerben gegen den Nacherben wirken (2112 ff.)

Erwerb. Erwerbende Rechtsgeschäfte des Zwischenberechtigten (hier verfügt der Zwischenberechtigte nicht) kommen dem Rückerwerber zugute, soweit sie den Bestand des Gegenstandes durch Hinzufügung unselbständiger Berechtigungen, z. B. Erwerb einer Grunddienstbarkeit, erweitern [2]). Aber die Verfügungen des Zwischenberechtigten werden durch den Rückfall schlechtweg entkräftet: der Rückfallsberechtigte ist kein Rechtsnachfolger des Zwischenberechtigten. Sein Rückerwerb ist kein verfügungsmäßiger Erwerb.

3. **Wo kein Gegenstand, da keine Sondernachfolge.** Über den Besitz kann nicht verfügt werden. Weder der unmittelbare, noch der mittelbare Besitz ist ein Gegenstand (oben S. 27. 29). Infolgedessen gibt es keine Rechtsnachfolge in den Besitz, weder Gesamtnachfolge (vgl. § 7), noch Sondernachfolge. Es gibt selbstverständlich „Vorgänger" und „Nachfolger" im Besitze (858, 2), d. h. das Verhältnis der zeitlichen Nachfolge. Ja, es kann jemand, wie es im BGB. heißt, „durch Rechtsnachfolge" in den Besitz einer Sache gelangen, so daß die Besitzzeit des „Rechtsvorgängers" dem „Rechtsnachfolger" zugute kommt (221. 943). Die gegenwärtig herrschende Meinung betrachtet es als zweifellos, daß wirklich Besitzerwerb durch Rechtsnachfolge stattfinde, daß außer dem Fall des Erbgangs auch Besitzerwerb durch Besitzübergabe (im Gegensatz zu den Fällen des Besitzerwerbes durch verbotene Eigenmacht) die Rechtsnachfolge in den Besitz als solchen herbeiführe [3]). Der veräußernde Nichteigentümer macht den Erwerber nicht zum Eigentümer, sondern nur zum Besitzer (auf diesen Fall beziehen sich

---

[2]) Hinsichtlich des Bestandes, d. h. der körperlichen und rechtlichen (vgl. 96) Bestandteile des Gegenstandes ist selbstverständlich immer der gegenwärtige Bestand maßgebend. In dieser Hinsicht besteht kein Unterschied zwischen Erwerb ohne und mit Rechtsnachfolge (vgl. oben § 6 Anm. 4. 17).

[3]) Nicht bloß in den Fällen der Übergabe durch „Einigung" nach 854, 2 (für diesen Fall nimmt auch Strohal abgeleiteten Besitzerwerb an, oben § 5 Anm. 8), sondern überhaupt in den Fällen der Besitzübergabe, vgl. Hölder, Allg. Teil S. 446. 447; Crome, Syst. Bd. 1 S. 519; Kipp bei Windscheid, Pand. 8. Aufl. Bd. 1 S. 697, und insbesondere Hellwig, Rechtskraft S. 246 ff. In der dritten Auflage seines Kommentars, Bd. 1 zu § 221 S. 364. 365 hat nunmehr auch Planck dieser Ansicht sich angeschlossen.

die eben angeführten Stellen des BGB). Der Erwerber ist dennoch „Rechtsnachfolger" des Veräußernden. Er ist nicht Rechtsnachfolger in das Eigentum. Das hatte der Veräußernde ja gar nicht. Der Erwerber ist also (dies ist die Schlußfolgerung der herrschenden Lehre) Rechtsnachfolger in den Besitz seines Veräußerers. Grundlage dieser Gedankenreihe ist die alte, irrige Vorstellung, daß zum Begriff der Rechtsnachfolge „Identität" des Rechtsverhältnisses und folgeweise irgend welche „Übertragung", wenn nicht eines Rechts, so doch einer „Rechtsposition" gehöre[4]). Unser Fall bestätigt lediglich, daß diese Vorstellung von der Rechtsnachfolge falsch ist. Rechtsnachfolge besteht kraft des Daseins eines Verfügungstatbestandes (hier eines Veräußerungsgeschäfts), auch wenn der Verfügungstatbestand **nichts überträgt** (vgl. oben S. 43). Der Erwerber des Verfügungsgeschäfts ist Rechtsnachfolger des Verfügenden, auch wenn die Rechtsnachfolge **für den Erwerb kraftlos ist**. Das ist die Voraussetzung der Vorschriften in 221. 943, ebenso in 999, d. h. in den Stellen, die von den Wirkungen der für den Erwerb wirkungslosen Rechtsnachfolge handeln (vgl. unten § 9). Nicht, daß der Erwerber Besitz erwirbt, sondern der Verfügungstatbestand **als solcher** begründet die Rechtsnachfolge. Es ist zweifellos, daß die Ausdrucksweise in 221. 943, nach welcher der Besitz „durch Rechtsnachfolge" erworben wird, ungenau ist. Richtig gefaßt ist die Parallelstelle 999, die von dem „Vorbesitzer" spricht, „dessen Rechtsnachfolger" der Besitzer geworden ist: nicht durch den Besitzerwerb, sondern durch einen **anderweitigen**, mit dem Besitzerwerb verbundenen Tatbestand (dem Verfügungstatbestand). **Durch** Rechtsnachfolge kann (vom

---

[4]) Auf diesem Standpunkt stand Planck in den früheren Auflagen seines Kommentars (Bd. 1 zu § 221): das Wesen der Rechtsnachfolge bestehe darin, daß der Vormann entweder sein Recht oder, falls er ein solches nicht hat, „doch die Rechtsposition, die er in Ansehung der Sache hat, überträgt". Hellwig, Rechtskraft S. 247 bemerkt dagegen, daß der Rechtsvorgänger, von dem in 221 die Rede ist, **nichts** auf den Rechtsnachfolger übertrage als den Besitz. Daraus soll sich die Rechtsnachfolge in den Besitz als solchen ergeben. In seiner dritten Auflage ist Planck, wie bereits bemerkt, zu dem Standpunkt Hellwigs übergetreten.

Erbgang abgesehen) niemand „Besitzer" werden, sondern nur durch Erlangung der tatsächlichen Gewalt[5]). Niemand „besitzt" (außer dem Erben), weil sein Rechtsvorgänger besaß. Auch die Besitzübergabe begründet keinen Besitzerwerb durch den Besitz des Vorgängers (oben S. 27). Besitznachfolge ist auch im Fall der Übergabe lediglich zeitliche, nicht kausale, von dem Vorgänger „hergeleitete", aus dem Besitz des Vorgängers fließende Nachfolge. Besitz beruht ausschließlich in der Gegenwart. Die Vorschriften über Herleitung des Erwerbs von einem Berechtigten oder Nichtberechtigten finden auf den Besitzerwerb keine Anwendung. Entscheidend ist, daß die Besitzübergabe zu besitzmittlerischem Besitz (z. B. an den Mieter) zweifellos keinerlei Rechtsnachfolge im Sinne des BGB. begründet[6]). Der Besitzmittler hat keine accessio temporis nach 221. 943. Er kann sie gar nicht haben, und der mittelbare Besitzer bedarf ihrer nicht. Der Besitzmittler hat auch nicht den Verwendungsanspruch nach 999 (ihn schützt sein Verhältnis zum mittelbaren Besitzer bezw. 986 Satz 1): der mittelbare Besitzer ist nicht sein „Vorbesitzer". Nur die mit Verfügungsgeschäft verbundene Besitzübergabe macht zum Rechtsnachfolger, und zwar hinsichtlich des Gegenstandes, auf den die Verfügung bezüglich ist (die Sache), nicht hinsichtlich des Besitzes. Nur Persönlichkeitsnachfolge (Erbgang) begründet abgeleiteten Erwerb der Rechtsstellung eines Besitzers; Rechtsnachfolge in den Besitz als solchen ist unserem Gesetzbuch ebenso unbekannt wie dem gemeinen Recht.

Rechtsnachfolge in Schulden ist genau der gleiche Widerspruch in sich selbst wie Rechtsnachfolge in den Besitz. Durch Persönlichkeitsnachfolge (Erbgang) gehen die Schulden über, nicht durch Ge-

---

[5]) Das bemerkt auch Planck in seiner 3. Aufl. S. 364. Dadurch wird aber das Wesen der Rechtsnachfolge für den Besitzerwerb ausgeschlossen. — Es soll nicht verkannt werden, daß die Anwendung von 221. 943 in gewissen Fällen Schwierigkeiten bereitet (Planck a. a. O.). Aber diese Schwierigkeiten (die schon für das gemeine Recht bestanden) können nicht durch Verkehrung des Begriffs der Rechtsnachfolge, sondern nur durch entsprechende Anwendung der in 221. 943 gegebenen Vorschriften auf ähnliche Fälle gehoben werden.

[6]) Gegen Hellwig, Rechtskraft S. 250 ff.

samtrechtsnachfolge als solche (oben § 7), noch durch Sonderrechts=
nachfolge. Über Schulden kann nicht verfügt werden. Schuldüber=
nahme ist ein Verpflichtungsgeschäft, kein Verfügungsgeschäft. Der
Inhalt der neuen Schuld bestimmt sich nach Maßgabe der Urschuld,
so daß die Wirkung der Übernahme von dem Urschuldverhältnis
abhängt. Aber nicht weil die Schuldübernahme abgeleiteten Er=
werb (wie wäre das möglich!), sondern weil sie eine abhängige
Verpflichtung begründet. Die Rechtssätze von den Verfügungs=
geschäften, von der Verfügung des Berechtigten und des Nicht=
berechtigten, finden auf die Schuldübernahme keine Anwendung.
Diese zweifellose Tatsache bedeutet, daß das BGB. keine Rechts=
nachfolge in Schulden kennt[7]).

Endlich sind auch alle Rechte nicht gegenständlicher Natur von
dem Gebiet der Rechtsnachfolge ausgeschlossen. Es gibt keine Rechts=
nachfolge in die Rechte des Personenrechts, weder Gesamtnachfolge
noch Sondernachfolge. Hier versagt auch der Erbgang. Nur in
die vermögensrechtliche Persönlichkeit des Erblassers tritt der Erbe
ein. Eine Ausnahme bildet allein die veräußerliche Mitgliedschaft:
sie unterliegt wie der Gesamtnachfolge so der Sondernachfolge.
Auch für die unselbständigen, nur als Begleiterscheinung auftreten=
den Rechte, wie Aufrechnungsrecht, Rücktrittsrecht, Wandelungsrecht,
Bestimmungsrecht, Wahlrecht u. s. f. gibt es keinen Erwerb durch
Rechtsnachfolge, überhaupt keinen Rechtserwerb im Sinne des BGB.
Sie werden niemals als solche erworben, wenngleich sie natürlich
mit dem Hauptrecht übergehen. Der Erwerber des Hauptrechts hat
auch die Begleitrechte, aber nicht weil der Vormann sie gehabt hat
(in bezug auf diese Rechte, man denke z. B. an das Aufrechnungs=
recht, hat er keinen Rechtsvorgänger), sondern weil er kraft des
Hauptrechts aus eigener Person berechtigt ist.

Rechtsnachfolge, Gesamtnachfolge (den Fall des Erbgangs vor=

---

[7]) Die herrschende Ansicht ist die jetzt insbesondere von Hellwig, Rechts=
kraft S. 309 ff. vertretene, daß die Schuldübernahme des BGB. Sonder=Rechts=
nachfolge in die Schuld bedeute. Dagegen Romeick a. a. O. S. 96 ff. und
oben S. 24 ff.

behalten) und Sondernachfolge, gibt es nur in Rechte, und nur in solche Rechte, welche Gegenstände sind.

§ 9.
Rechtserwerb vom Nichtberechtigten.

Die Verfügung, welche die Sonderrechtsnachfolge begründet, hat als solche, mag sie Verfügung eines Berechtigten oder eines Nichtberechtigten sein, drei Rechtswirkungen:

1. sie begründet die Anrechnung der Besitzzeit des Rechtsvorgängers (accessio temporis) für Verjährung und Ersitzung (221. 943);

2. sie gibt das Recht, Verwendungen des Rechtsvorgängers gegenüber dem Herausgabeanspruch des Eigentümers geltend zu machen (999, 1);

3. sie gibt in bezug auf Passivlegitimation gegenüber dem Besitzanspruch die Einwendungen des Rechtsvorgängers (861, 2. 862, 2).

Im übrigen ist für die Rechtswirkung der Verfügung zwischen der Verfügung des Berechtigten, d. h. des Verfügungsberechtigten, und der Verfügung des Nichtberechtigten (Nichtverfügungsberechtigten) zu unterscheiden[1]).

Die Verfügung des Berechtigten macht zum Rechtsnachfolger des Verfügenden und zugleich, wenn durch die Verfügung ein Verfügungsrecht über fremdes Vermögen ausgeübt wird, zum Rechtsnachfolger dessen, über dessen Recht verfügt wird. Das Verfügungsrecht über fremdes Recht bedeutet die Befugnis, dem Inhaber des Rechts einen Rechtsnachfolger zu setzen. So macht der Ehemann durch berechtigte Verfügung über eingebrachtes Frauengut den Erwerber zum Rechtsnachfolger der Frau. Der Pfandberechtigte macht

---

[1]) Die Verfügung eines nicht Vertretungsberechtigten ist nicht Verfügung eines Nichtberechtigten im Sinne des BGB. Für den Fall des fehlenden Vertretungsrechts gelten ganz andere Vorschriften (177 ff.), Hellwig, Rechtskraft S. 99. 100; Planck Bd. 1, 3. Aufl., zu § 185, S. 324. — Verfügung eines Nichtberechtigten ist die Verfügung im Namen eines nicht Verfügungsberechtigten.

den Erwerber zum Rechtsnachfolger des Eigentümers, „wie wenn er die Sache von dem Eigentümer erworben hätte" (1242)[2]).

Die Verfügung des Verfügungsberechtigten begründet durch die Rechtsnachfolge zugleich den Rechtserwerb. Der Erwerber ist berechtigt, weil und wie sein Rechtsvorgänger berechtigt war. Sein Erwerb ist **abgeleiteter Rechtserwerb**.

Die Rechtssätze von der Verfügung des Berechtigten finden auch auf die Fälle der auf Rechnung des Berechtigten ergehenden Zwangsverfügung Anwendung.

Der Verfügung des Berechtigten stehen zwei Fälle gegenüber: die Verfügung eines beschränkt Verfügungsberechtigten und die Verfügung eines überall nicht Verfügungsberechtigten.

Die Verfügung eines beschränkt Berechtigten nimmt eine Mittelstellung ein. Soweit der Verfügende verfügungsberechtigt ist, gelten die soeben dargelegten Vorschriften vom abgeleiteten Rechtserwerb. Soweit der Verfügende nicht verfügungsberechtigt ist, gelten die Rechtssätze von der Verfügung eines Nichtberechtigten. Es soll daher von der Verfügung eines beschränkt Berechtigten erst am Schluß gehandelt werden. Unter Verfügung eines Nichtberechtigten soll zunächst die Verfügung eines überall nicht Berechtigten verstanden werden.

Auch die Verfügung des Nichtberechtigten macht als solche den Erwerber zum Rechtsnachfolger des Verfügenden (mit den drei

---

[2]) Nicht im Einklang mit dem Inhalt des BGB. steht Hellwig, Rechtskraft S. 96 ff. (insbesondere S. 103 Anm. 26), wenn er Verfügung eines Nichtberechtigten die Verfügung dessen nennt, „der über ein Recht verfügt, welches ihm nicht zusteht". Nach Hellwig wäre die Verfügung des Pfandberechtigten Verfügung eines „Nichtberechtigten". Aber zweifellos ist, daß weder 185 Anwendung findet (der Pfandberechtigte bedarf keiner Zustimmung des Eigentümers), noch 816 (der Pfandberechtigte ist keineswegs zur Herausgabe des Erlangten verpflichtet, auch dann nicht, wenn er sein Pfandrecht durch Verpfändung eines Nichteigentümers originär erworben hat). Hellwig will durch seine Darstellungsweise die berechtigte Verfügung über fremdes Recht mit der Verfügung eines legitimierten nicht Verfügungsberechtigten in eine Linie stellen, um auch im letzteren Fall „Verfügungsmacht" über fremdes Vermögen (unten Anm. 6) und abgeleiteten Erwerb annehmen zu können. Das ist aber, wie schon durch das eben Gesagte erwiesen sein dürfte, wider das BGB.

Der Gegenstand. § 9. Rechtserwerb vom Nichtberechtigten. 51

obenbezeichneten Rechtswirkungen), vorausgesetzt, daß das Verfügungs= geschäft gültig ist. Das echte Verfügungsgeschäft ist trotz mangelnder Verfügungsberechtigung schlechtweg gültig, sobald die allgemeinen Voraussetzungen des Geschäftstatbestandes erfüllt sind³). Das ver= fügende Gestaltungsgeschäft des Nichtberechtigten bezw. gegenüber dem nicht Empfangsberechtigten ist gültig, wenn die mangelnde Be= rechtigung durch Legitimation zur Verfügung ersetzt wird (vgl. oben S. 14 Anm. 19).

Aber die Verfügung des Nichtberechtigten macht als solche nur zum Rechtsnachfolger eines Nichtberechtigten. Solche Rechtsnach= folge begründet keinen Rechtserwerb. Sie versagt als abgeleiteter Erwerbsgrund. Um dennoch den Rechtserwerb zu bewirken, müssen weitere Erwerbstatsachen hinzutreten.

Für die echten Verfügungsgeschäfte gelten die Vorschriften in 185, welche abgeleiteten Rechtserwerb auch durch Verfügung eines Nichtberechtigten vermitteln. Das geschieht, wenn der Ver= fügende später Berechtigter wird (er beerbt z. B. den Berechtigten) oder der Berechtigte den Verfügenden beerbt und unbeschränkt für die Nachlaßverbindlichkeiten haftet: das Rechtsnachfolgeverhältnis zum Verfügenden wirkt von nun an (ex nunc) den (abgeleiteten) Rechtserwerb. Das gleiche geschieht, wenn der Berechtigte seine Zustimmung zu der (im Namen des Nichtberechtigten geschehenen) Verfügung erteilt, sei es als Einwilligung vor oder bei der Ver= fügung, sei es als Genehmigung nach der Verfügung. Die Zu= stimmung des Berechtigten zu der Verfügung des Nichtberechtigten bedeutet ein Hilfsverfügungsgeschäft⁴). Auch der Berechtigte ver=

---

³) Die von einigen Schriftstellern (so von Romeick a. a. O. S. 10 ff. 26. 27, früher auch von Enneccerus, Bürg. R. Bd. 1, 2. Aufl., § 61; in seiner 3. Aufl., Bd. 1 § 132 ist der Satz gestrichen) aufgestellte Ansicht, daß das Ver= fügungsgeschäft des Nichtberechtigten als solches nichtig sei, ist unhaltbar. Den Gegenbeweis erbringt die Möglichkeit des Wirksamwerdens nach 185, 2, das Dasein der Rechtsnachfolge (221. 943. 999). Vgl. Wendt im Archiv f. ziv. Praxis Bd. 89 S. 22 ff. und oben S. 13.

⁴) Zustimmung und ebenso die Ermächtigung bedeuten Hilfs=Rechtsgeschäfte, welche über die Wirkung eines anderen Rechtsgeschäfts bestimmen. Die sach=

fügt. So ist in solchem Falle der Erwerber Rechtsnachfolger auch des Berechtigten: es tritt abgeleiteter Rechtserwerb ein⁵).

Für alle Verfügungsgeschäfte, auch für die verfügenden Gestaltungsgeschäfte, gelten die Rechtssätze von der **Legitimation zugunsten des gutgläubigen Erwerbers**. Sie vermitteln, soweit die Legitimation zur Verfügung legitimiert, **ursprünglichen** Rechtserwerb auf Grund der Verfügung eines Nichtberechtigten.

Legitimation ist nicht Berechtigung, auch nicht rechtliche „Macht"⁶). Aber Legitimation ist ein von Rechts wegen für den Verkehr genügender Ausweis der Berechtigung⁷). Die Rechts=

---

liche Art des Hilfsrechtsgeschäfts ist je nach der Art des anderen Rechtsgeschäfts verschieden. Zustimmung zu einer Verfügung ist eine Hilfs=Verfügung.

⁵) Nicht, wie Hellwig, Rechtskraft S. 98, annimmt, als ob der mit Zustimmung des Berechtigten Verfügende zwar kein Verfügungsrecht, aber doch „Verfügungsmacht" besäße, so daß die Verfügung des Nichtberechtigten dennoch unter den Gesichtspunkt der Verfügung eines Berechtigten fiele. In 185 wird durch den Wortlaut genau ausgedrückt, daß trotz Zustimmung des Berechtigten Verfügung eines Nichtberechtigten vorliegt. Ungenau ist die Ausdrucksweise in 793. 797 und HGB. 366, wo die „Verfügungsberechtigung" den Fall der bloßen Einwilligung des Berechtigten einschließt. Was wirkt, ist vielmehr die in der Zustimmung liegende Verfügung des Berechtigten. Weil das Geschäft des Verfügenden selber trotzdem Geschäft eines Nichtberechtigten bleibt, ist das verfügende Gestaltungsgeschäft auch bei Einwilligung des Berechtigten nichtig (oben S. 14).

⁶) Eine Reihe von Schriftstellern, an ihrer Spitze Gierke, Deutsch. Privatr. Bd. 1 § 32 Anm. 2, Bedeutung des Fahrnisbesitzes für streitiges Recht nach dem BGB. (1897) S. 17, vertritt den Gedanken, daß die das Verfügungsrecht ersetzende Legitimation eine „formale Verfügungsmacht" bedeute; ähnlich Endemann, Bürg. R. Bd. 2 (8. Aufl.) § 81 S. 530: „Vertretungsmacht"; Crome, System Bd. 1 § 71 S. 314: „kraft Gesetzes eine Verfügungsmacht"; Cosack, Bürg. R. Bd. 2 § 196, IV: der im Grundbuch Eingetragene hat „zwar kein Recht, aber doch die Rechtsmacht zur Auflassung". Besonders nachdrücklich hat Hellwig, Rechtskraft S. 96 ff. die Frage behandelt. Er schreibt gleichfalls dem legitimierten Nichtberechtigten „kein Recht, wohl aber trotzdem die Macht zur Verfügung über fremdes Recht" zu (S. 98). Aber eine von Rechtswegen bestehende „Verfügungsmacht", die kein Verfügungsrecht wäre, ist wie überhaupt so auch auf dem Boden des BGB. nicht denkbar. Jede „rechtliche Macht" ist nach dem BGB. ein „Recht" (unten § 15). Auch mit Gierkes „formaler Verfügungsmacht" wird man eine klare Vorstellung nicht verbinden können. Gegen die Verfügungsmacht des Legitimierten mit Recht Romeick S. 7 ff.; Regelsberger in Jherings Jahrb. Bd. 47 S. 356 ff.

⁷) Regelsberger a. a. O. S. 361 will den Ausdruck Legitimation überhaupt vermieden wissen. Aber der Ausdruck ist für die zusammenfassende

Der Gegenstand. § 9. Rechtserwerb vom Nichtberechtigten. 53

sätze von der Legitimation gehen durch das ganze BGB. Es gibt einen legitimierenden Ausweis des Vertretungsrechts (169—173), einen legitimierenden Ausweis des Erbrechts (2366. 2367)[8], einen legitimierenden Ausweis des Verfügungsrechts. Die drei Fälle sind nicht gleichartig[9]. Die beiden erstgenannten Fälle bedeuten Legitimation zur Begründung des Rechtsnachfolgeverhältnisses gegenüber einem bestimmten Rechtsvorgänger (dem Vertretenen, dem Nachlaß), nicht zur Verfügung als solcher: die Erwerbswirkung ist von der Berechtigung dieses Rechtsvorgängers abhängig und geschieht kraft seiner Berechtigung, der Erwerb ist ab geleiteter Erwerb. Anders im dritten Fall des zur Verfügung legitimierenden Ausweises. Dieser letzte Fall ist der wichtigste. An ihn ist immer an erster Stelle zu denken, wenn das BGB. von Vorschriften zugunsten derer spricht, die Rechte von einem Nichtberechtigten herleiten. Von diesem letzten Fall, daß der Legiti-

---

Bezeichnung einer ganzen Reihe von rechtlichen Erscheinungen unentbehrlich. Er muß nur nicht mit falschen Anschauungen (Anm. 6) verknüpft werden. Daß Legitimation als solche keine Berechtigung ist, darf als durchaus herrschende Meinung bezeichnet werden; die in Anm. 6 angezogenen Äußerungen stellen eine, wenngleich von beachtlicher Seite vertretene, Sonderlehre dar.

[8] Dem Erbschein gleiche Wirkung hat bekanntlich das Testamentsvollstreckerzeugnis (2368), die Todeserklärung (2370), das Zeugnis über die Fortsetzung der Gütergemeinschaft (1507).

[9] Daß die verschiedenen Fälle des „Erwerbs vom Nichtberechtigten" unterschieden werden müssen, hat neuerdings Strohal, Erbrecht 3. Aufl. Bd. 2 (1904) S. 153 Anm. 6 h nachgewiesen. Der Erbschein ersetzt nicht das Verfügungsrecht, sondern nur das Erbrecht. Voraussetzung des Erwerbes vom Erbscheinerben ist, daß der Gegenstand zum Nachlaß gehört, also die Berechtigung eines bestimmten Vorgängers (des Nachlasses). Die Verfügung des Erbscheinerben wirkt nicht schlechtweg Rechtserwerb, sondern nur Rechtsnachfolge, aber gegenüber dem Nachlaß, nicht bloß gegenüber dem Verfügenden. Der Rechtserwerb ist von der Berechtigung „des Nachlasses" abhängig. Er geht durch Rechtsnachfolge vor sich, d. h. er ist (wie bereits Strohal ausgeführt hat) abgeleiteter Erwerb. Andererseits beziehen die Vorschriften über Stellvertreterlegitimation sich überhaupt nicht auf die Verfügung als solche. Sie sind (anders der Erbschein) ebenso für Verpflichtungsgeschäfte des Vertreters von Bedeutung. Soweit aber die Vorschriften von der Vertreterlegitimation auf die Verfügungsgeschäfte anzuwenden sind, bewirken sie gleich dem Erbschein Rechtsnachfolge gegenüber dem Vertretenen und folgeweise von der Berechtigung dieses Vertretenen abhängigen, d. h. gleichfalls abgeleiteten Erwerb.

mierte als Verfügungsberechtigter legitimiert ist, soll hier die Rede sein.

Alle Rechtssätze von der Legitimation gelten nur für den **rechtsgeschäftlichen** Verkehr. So finden denn auch die Rechtssätze von der Legitimation zur Verfügung auf die Fälle der Zwangsverfügung durch Gesetz oder Richterspruch (Obrigkeit) keine Anwendung[10]. Sie gelten nur für Verfügungsgeschäfte, aber nicht bloß für die echten Verfügungsgeschäfte, sondern ebenso für die verfügenden Gestaltungsgeschäfte (oben S. 12. 13).

Die folgenden Voraussetzungen müssen gegeben sein, um Rechtserwerb durch Verfügung eines Nichtberechtigten zu begründen:

1. Ein Verfügungsgeschäft (bezw. verfügendes Gestaltungsgeschäft), d. h. ein abgeleiteter Erwerbsgrund, welcher die Rechtsnachfolge im Verhältnis zum Verfügenden begründet, der also an sich, falls Verfügender verfügungsberechtigt ist, geeignet ist, den gewollten Rechtserwerb herbeizuführen. Das Verfügungsgeschäft ist der justus titulus unseres heutigen Rechts. Er muß vorhanden sein, d. h. das Geschäft muß gültig sein. Putativtitel genügt nicht[11]). Bei bloß vermeintlichem Erwerbsgrunde (es fehlte z. B. dem Verfügenden die Geschäftsfähigkeit) bedarf es der Ersitzung.

2. Zum justus titulus muß die bona fides hinzukommen, der gute Glaube, dessen Art für die einzelnen Fälle verschieden bestimmt ist[12]), der aber zum mindesten das Nichtwissen von dem Mangel der Verfügungsberechtigung des Verfügenden bedeutet.

3. Der gute Glaube muß durch die Legitimation des Verfügenden **objektiv gerechtfertigt sein**[13]). Die Voraussetzungen

---

[10]) Eine Ausnahme bilden bekanntlich die gesetzlichen Pfandrechte des Handelsgesetzbuches, HGB. 366, 3. 623, 3.

[11]) Vgl. Wendt im Archiv f. ziv. Praxis Bd. 89 S. 21 ff. Von Erörterung der Ausnahmen sehe ich ab (vgl. Anm. 15). — Das verfügende Gestaltungsgeschäft ist kraft der Legitimation gültig, oben S. 14 Anm. 19.

[12]) Hier greifen bekanntlich auch die Vorschriften in HGB 366 ein, die nicht mit Wendt a. a. O. S. 66 ff. auf das Gebiet des BGB. übertragen werden dürfen.

[13]) Daß dies der Sinn der Vorschriften von der Legitimation ist, darf als

der Legitimation sind für die verschiedenen Fälle verschieden. Den Cedenten legitimiert dem unwissenden Schuldner gegenüber seine bisherige Gläubigerschaft (406—408). Den Cessionar legitimiert die Cessionsurkunde bezw. die Anzeige des Gläubigers an den Schuldner (409). Für den Fahrnisverkehr legitimiert der Besitz (932 ff.), für den Grundbuchverkehr die Eintragung in das Grundbuch (892. 893).

4. Für den Fahrniserwerb vom Nichtberechtigten muß noch ein viertes Erfordernis erfüllt sein. Die Sache muß geeignet sein für den Erwerb vom Nichtberechtigten (res habilis). Abhanden gekommene Sachen (res furtivae) sind mit gewissen Ausnahmen (Geld, Inhaberpapiere, öffentlich versteigerte Sachen) von dem Gebiet des Erwerbes vom Nichtberechtigten ausgeschlossen (935).

Man sieht: der Erwerb vom nicht Verfügungsberechtigten erinnert in seinen Voraussetzungen an den römischrechtlichen und gemeinrechtlichen Erwerb durch Ersitzung[14]). Das Erfordernis des Zeitablaufes fehlt. An seiner Stelle steht das Erfordernis der Legitimation. Der Verkehr der Gegenwart hat keine Zeit, zu warten: er verlangt sofortigen Erwerb des Gutgläubigen. Aber die Art des Erwerbes ist die gleiche hier wie dort. Auch die römische Ersitzung hat grundsätzlich das Dasein eines abgeleiteten Erwerbsgrundes (eines Verfügungsgeschäfts) und damit eines Rechtsnachfolgeverhältnisses zur Voraussetzung[15]). Auch die römische Ersitzung betrifft den Fall, daß die Rechtsnachfolge für die Herbeiführung des gewollten Rechtserwerbs kraftlos ist und deshalb der Ergänzung durch anderweitigen Erwerbsgrund bedarf. Zweifellos ist der Ersitzungserwerb ein ursprünglicher Erwerb[16]). Obgleich

---

die vorherrschende Meinung bezeichnet werden. So auch Regelsberger in Jherings Jahrb. Bd. 47 S. 355.

[14]) An die Analogie der Ersitzung erinnern schon die Motive Bd. 3 S. 342.

[15]) Die Abschwächung dieses Erfordernisses durch die Rechtssätze vom sog. Putativtitel ist für den vom Nichtberechtigten „hergeleiteten" Erwerb vom BGB. nicht übernommen (gewisse Fälle des Gütergemeinschaftsrechts vorbehalten).

[16]) Vgl. oben S. 37. Das darf denn auch heute als durchaus herrschende Meinung angesehen werden. Vgl. aus jüngster Zeit Regelsberger a. a. O. S. 373. 374.

der Ersitzungserwerber in die gleiche Rechtslage eintritt wie der Vorberechtigte, ist er nicht Rechtsnachfolger des Vorberechtigten. Ganz geradeso in unserem Fall. Die Verfügung des Nichtberechtigten wirkt Rechtsnachfolge nur gegenüber dem Nichtberechtigten. Das drückt das Gesetzbuch mit den Worten aus, daß der Erwerb „vom Nichtberechtigten hergeleitet" wird (vgl. z. B. 135, 2. 161, 3). Vom Berechtigten kann er nicht hergeleitet werden. Deutlicher kann es vom BGB. nicht gesagt werden, daß der Berechtigte in unserem Fall nicht den Rechtsvorgänger des Erwerbenden darstellt. Aber auch vom Nichtberechtigten kann der Erwerb in Wahrheit nicht „hergeleitet" werden — in dieser Hinsicht ist der Wortlaut des Gesetzes irreführend —, denn die Rechtsvorgängerschaft eines Nichtberechtigten genügt nicht zum Erwerb. Darum drückt das BGB. an anderer Stelle sich deutlicher und besser dahin aus, daß in solchen Fällen die Verfügung des Nichtberechtigten „dem Berechtigten gegenüber wirksam ist" (816). Der Rechtserwerbsgrund wirkt gegen den Berechtigten, er wirkt nicht kraft, sondern trotz seiner Berechtigung. Darum ist es gleichgültig, wer der Berechtigte ist. Das ist der entscheidende Punkt. Der Erwerbsgrund weist auf keinen bestimmten Vorgänger im Recht hin, um auf dessen Berechtigung den Rechtserwerb zu gründen; es kommt vielmehr nicht darauf an, wer bis dahin berechtigt war, das heißt: der Berechtigte ist zwar Vorgänger im Recht [17]), aber nicht Rechtsvorgänger im Rechtssinn. Die in neuerer Zeit namentlich von Hellwig verteidigte Meinung [18]), daß die Verfügung des

---

[17]) Dessen Rechtslage für und gegen den Erwerbenden maßgebend ist, ganz wie bei der Ersitzung, vgl. oben S. 37. Die bestehenden Belastungen des Gegenstandes dauern fort, wenn nicht auch in bezug auf sie ursprünglicher Erwerb der Befreiung von der Belastung vorliegt (vgl. z. B. 936).

[18]) Hellwig, Rechtskraft S. 100 ff. Civilproz. Bd. 1 S. 274 ff. Hellwig will die Fälle der Legitimation gleichsetzen mit den Fällen der Verfügung des über fremdes Vermögen Verfügungsberechtigten. Das ist der Grundirrtum. Hellwig macht den Berechtigten (z. B. den Pfandberechtigten) zum Nichtberechtigten (oben Anm. 2) und den Nichtberechtigten (den bloß Legitimierten) zum gleichsam Berechtigten (rechtliche „Macht" Besitzenden, oben Anm. 6). So wird der Unterschied der Fälle der Verfügung eines Berechtigten

Nichtberechtigten den Erwerber zum Rechtsnachfolger des Berechtigten mache (Rechtsnachfolge im eigentlichen Sinne) und dadurch abgeleiteten Erwerb vermittle, ist unmöglich. Der Erwerb kraft Verfügung des legitimierten Nichtberechtigten folgt nicht aus der Verfügung als solcher, sondern aus anderweitigem Tatbestande und ist folgegemäß nicht vom Berechtigten abgeleiteter, sondern **ursprünglicher** Erwerb.

Soweit der Verfügende nur **beschränkt** berechtigt ist, finden die Vorschriften von der Verfügung eines Nichtberechtigten auch auf die Verfügung eines beschränkt Berechtigten Anwendung. Das Recht des Verfügenden kann durch begrenzte Rechte dritter oder durch Verfügungsbeschränkungen privatrechtlicher Art (im Interesse bestimmter Personen) beschränkt sein. Seine Dauer kann einem Endtermin oder einer auflösenden Bedingung unterliegen. Ja es ist möglich, daß sein gegenwärtig unbeschränktes und voll wirksames Recht infolge einer Anfechtung des den Rechtserwerb begründenden Rechtsgeschäfts rückwärts verschwindet. In allen solchen Fällen verfügt ein beschränkt Berechtigter. Ist aber der Verfügende legitimiert und auf seiten des Erwerbers der entsprechende gute Glaube vorhanden,

---

(abgeleiteter Erwerb) und des Erwerbs vom legitimierten Nichtberechtigten (ursprünglicher Erwerb) verwischt. Ähnlich schon früher Gierke, Deutsch. Privatr. Bd. 1 § 32 Anm. 2 a. E. Endemann, Bürg. R. Bd. 2 § 81; Crome, Syst. Bd. 1 § 71 S. 314. Auch Wendt im Archiv f. civ. Praxis Bd. 89 S. 18 ff. will in unserem Fall, ebenso auch im Fall der Ersitzung, „nicht rein von originärem Erwerb" sprechen, weil doch Voraussetzung das Dasein eines abgeleiteten Erwerbsgrundes (des Titels) sei (aber der abgeleitete Erwerbsgrund ist nicht als solcher der Erwerbsgrund). An Hellwig haben sich angeschlossen M. Wolff, Das Recht zum Besitze, in der Berliner Festgabe für Koch (1903) S. 157 Anm. 1; Dernburg, Bürg. R. Bd. 1 § 103 V, 2, S. 316, der letztere mit der unklaren Wendung: unter abgeleitetem Erwerb sei derjenige zu verstehen, „welcher darauf angelegt ist, daß der Erwerb nicht ursprünglich, sondern kraft des Überganges von einem Vorgänger sich vollzieht". Für ursprünglichen Erwerb sind dagegen eingetreten Bekker, Pand. Bd. 1 § 33 S. 109; Stobbe-Lehmann, Deutsch. Privatr. Bd. 2 (3. Aufl.) S. 408 ff.; Lehmann, Bürg. R. Bd. 2 (2. Aufl.) S. 167; in treffender Polemik gegen Hellwig neuerdings Romeick a. a. O. S. 35 ff.; Regelsberger in Jherings Jahrb. Bd. 47 S. 375 ff.; Strohal, Erbrecht (3. Aufl.) Bd. 2 § 68 Anm. 6 h; Enneccerus, Bürg. R. Bd. 1 (3. Aufl.) § 132.

so hat auch die Verfügung des beschränkt Berechtigten ursprüngliche Kraft zugunsten des Erwerbers: der gutgläubige rechtsgeschäftliche Erwerb ist von der etwa vorhandenen Beschränkung unabhängig. Er tritt ein ohne Rücksicht auf die Beschränkung [19].

So ergibt sich der Wert der Rechtssätze von der Legitimation auch für die Verfügung eines **Berechtigten**. Regelmäßig wird der Berechtigte zugleich legitimiert sein, wird der an der Fahrnis Berechtigte die Fahrnis besitzen, der am Grundstück Berechtigte im Grundbuch stehen, der angezeigte Cessionar der wirkliche Cessionar sein. Dann gelten die Rechtssätze von der Verfügung des Berechtigten. Aber es können auch die Rechtssätze von der Verfügung des Nichtberechtigten bedeutsam werden, sobald irgendein Mangel im Recht des Berechtigten hervortritt, sobald z. B. das Recht des Cessionars nachträglich etwa durch Anfechtung des Cessionsgeschäfts verschwindet. Dann treten die Rechtssätze von der Verfügung des Nichtberechtigten ein: der Erwerb, z. B. Befreiung des Schuldners durch Zahlung an den angezeigten Cessionar, bleibt aufrecht. Die Verfügung des Legitimierten ist für den Erwerber **besser** als die Verfügung des (lediglich) Berechtigten [20]. Die Verfügung des (lediglich) Berechtigten kann sich nachträglich, z. B. infolge von Anfechtung, in Verfügung eines Nichtberechtigten verwandeln. Für die Verfügung des Legitimierten ist Verwandlung in Verfügung eines nicht Legitimierten ausgeschlossen, und soll sie ausgeschlossen sein. Gerade darum ist die Legitimation durchweg auf Tatbestände **nicht-rechtsgeschäftlicher** und damit **nicht anfechtbarer** Art gegründet, so auf den Besitz, auf die Eintragung im Grundbuch. Auch die Anzeige des Gläubigers, die den Cessionar als solchen legitimiert, ist nicht rechtsgeschäftlich geartet und kann, im Widerspruch mit der herrschenden Meinung [21], nicht etwa durch Anfechtung rückwärts

---

[19] Vgl. 135. 161. 936. 2113. 2129. 2211. EG. 61. 168.

[20] Darum kann der Schuldner die Zahlung an den nicht legitimierten Cessionar verweigern und dessen Kündigung und Mahnung ablehnen (410. 1160).

[21] Vgl. z. B. Motive Bd. 2 S. 136; Planck Bd. 2 zu § 409 Ziff. 1. 3. 5; Endemann, Bürg. R. Bd. 1 (8. Aufl.) S. 880; Crome Bd. 2 S. 332.

vernichtet werden. Die Anzeige wirkt als bloße Mitteilung eines vergangenen Tatbestandes, nicht als Willenserklärung: sie wirkt die Legitimation rechtssatzmäßig ohne Rücksicht auf den Willen des Anzeigenden.

Alle Legitimationsgründe sind rein äußerlicher tatsächlicher Art und von rechtssatzmäßiger, zwingender, nicht gewillkürter Wirkung. Darum kann der Legitimationsgrund niemals durch Anfechtung rückwärts verschwinden. Darum ist für den gutgläubigen Verkehr die Legitimation des Verfügenden besser als die (bloße) Berechtigung. Trotz des Verfügungsgeschäfts ist, wie sich hier aufs neue bestätigt, der Erwerb vom Legitimierten kein verfügungsgeschäftlicher und damit kein abgeleiteter, sondern, gleich der Ersitzung, ein auf Gesetz beruhender ursprünglicher Erwerb.

Alle diese Rechtssätze aber, sowohl über den ursprünglichen wie über den abgeleiteten Rechtserwerb, über den Erwerb vom Berechtigten und vom Nichtberechtigten finden nur auf Gegenstände Anwendung. Für den Erwerb von Rechten des Personenrechts, für den Besitzerwerb, für die Schuldübernahme, für den Erwerb unselbständiger Rechte (des Anfechtungsrechts, Aufrechnungsrechts usw.) haben alle diese Unterscheidungen und Rechtssätze keine Geltung.

334; Dernburg, Bürg. R. Bd. 2 § 141. Die Meinung ist, daß in der Anzeige und ebenso in der Ausstellung einer Cessionsurkunde der Gläubiger die Willenserklärung abgebe, der Dritte sei nunmehr vom Schuldner als der Gläubiger zu betrachten. Es ist aber zweifellos, daß es ganz gleichgültig ist, ob der Gläubiger solchen Willen hatte oder nicht. Es wäre sogar gleichgültig, wenn der Gläubiger dem Schuldner ausdrücklich mitteilen würde, daß der Cessionar dennoch nicht als legitimiert zu betrachten sei. Die Legitimation ruht auf der Tatsache der Anzeige, der Urkunde als solcher, nicht auf dem Willen des Gläubigers. Anzeige und Urkundenausstellung sind Rechtshandlungen und haben deshalb Geschäftsfähigkeit zur Voraussetzung (oben S. 27 Anm. 9), aber keine Rechtsgeschäfte. Gerade darauf beruht der Wert der Legitimation durch Anzeige bezw. Urkunde für den Schuldner. Die herrschende Meinung entkräftet die Rechtssätze von der Legitimation.

§ 10.
Arten der Rechtsgemeinschaft.

Rechte, welche Gegenstände sind[1]), können einer Gemeinschaft unterliegen[2]). Was nicht Gegenstand ist (Besitz, Schulden, personenrechtliche Rechte, unselbständige Rechte), kann nicht gemeinschaftlich im Sinne der Vorschriften von der Gemeinschaft (741 ff.) sein. Es gibt keinen „Anteil" am Besitz, weder einen Bruchteil, noch einen Gesamtrechtsanteil, ebenso keinen „Anteil" an einer Schuld. Besitz und Schuldverhältnis stehen außerhalb der Kategorien wie des Rechtserwerbs so auch der Rechtsgemeinschaft. Nur an Gegenständen sind Anteile im Rechtssinne möglich.

Es gibt zwei Arten von Anteilen: Anteile kraft Vermögensrechts (Bruchteile) und Anteile kraft personenrechtlichen Güterrechts (personenrechtliche Anteile). Danach gibt es zwei Arten der Gemeinschaft: Gemeinschaft nach Bruchteilen und Gesamtberechtigung. Die Gemeinschaft nach Bruchteilen (sie soll Mitberechtigung genannt werden) bildet die Regel (741). Die Gesamtberechtigung tritt nur als die gesetzlich vorgeschriebene Wirkung bestimmter personenrechtlicher Verhältnisse ein. Der wichtigste Fall der Mitberechtigung ist das Miteigentum (1008 ff.). Ihm steht als wichtigster Fall der Gesamtberechtigung das Gesamteigentum gegenüber.

Die Mitberechtigung bedeutet Aufteilung des Gegenstandes (des Rechts) in mehrere Gegenstände (Bruchteilsrechte, z. B. Mit-

---

[1]) Zu den gegenständlich gearteten Rechten gehört an erster Stelle das Eigentum, welches für den Verkehr in der Gestalt eines körperlichen Gegenstandes, der Sache, erscheint, oben § 3. In Wahrheit ist Verfügungsgegenstand nicht der körperliche Gegenstand als solcher (dieser ist nur Herrschaftsgegenstand), sondern das Recht an der Sache (das Eigentum).

[2]) In 741 ff. wird das „Recht" (741), welches der Gemeinschaft unterworfen ist, schlechtweg mit „Gegenstand" gleichgesetzt, vgl. 743, 2. 744. 745, 1. 3. 746—748. Das gilt auch für die Fälle der Gesamtberechtigung, die nach dem BGB. (741) eine Art der „Gemeinschaft" ist. Auf die Vorschriften über die Gemeinschaft wird wiederholt in Gesamtrechtsfällen Bezug genommen, vgl. 731. 1477, 1. 2042, 2. 2044, 1.

eigentumsrechte) **ohne Aufteilung der Rechtsausübung.** Jeder Teilhaber hat sein besonderes Vermögensrecht (sein Bruchteilsrecht). Aber das einzelne Bruchteilsrecht ist der selbständigen Ausübung unfähig. Der Gegenstand ist gemeinschaftlich kraft der rechtlichen Notwendigkeit **gemeinsamer Ausübung der Teilrechte.**

Gemeinschaft nach Bruchteilen besteht daher nur da, wo die Aufteilung des Rechts in mehrere Vermögensrechte dennoch die Aufteilung der Ausübung nicht einschließt. So besteht also Miteigentum bei Teilung des Eigentums ohne Teilung der Sache [3]. In gleicher Weise gibt es Mitberechtigung hinsichtlich anderer Sachenrechte (z. B. Miterbbaurecht, Mitnießbrauchsrecht), ebenso Miturheberrecht, Miterfinderrecht. Mitberechtigung (Bruchteilsberechtigung) an Forderungsrechten aber ist ausgeschlossen [4]. Die Teilung eines teilbaren (auf eine teilbare Leistung gerichteten) Forderungsrechts schließt zugleich die Teilung der Ausübung in sich. Teilung eines unteilbaren Forderungsrechts aber ist unmöglich; jeder Mitgläubiger hat das ganze Forderungsrecht, sei es als Gesamtgläubiger (daß ihm geleistet werde), sei es so, daß er nur die Leistung an alle Mitgläubiger gemeinsam fordern kann (432): es entsteht keine Gemeinschaft des Forderungsrechts nach Bruchteilen, Unteilbarkeit der Ausübung wirkt Unteilbarkeit des Forderungsrechts selber. Wie in bezug auf die Forderungsrechte, so ist auch in bezug auf ihre dinglichen Nebenrechte (Pfandrecht, Hypothek) Mitberechtigung nach Bruchteilen unmöglich. Immer schließt die Teilung **dieser** Rechte (falls sie teilbar sind, d. h. auf teilbare Leistung gehen) die Teilung der Ausübung notwendig in sich: die Teilung des Rechts wirkt **keine** Gemeinschaft [5].

---

[3] Diese Auffassung des Miteigentums entspricht der allgemein herrschenden Lehre, vgl. z. B. Jörges, Miteigentum und gesamte Hand, in Goldschmidt, Zeitschr. f. Handelsr. Bd. 49 S. 155 ff.

[4] Das entspricht gleichfalls der herrschenden Lehre, vgl. Binder, Rechtsstellung des Erben Bd. 3 (1905) S. 47 bei Anm. 13 und die dort Angeführten.

[5] Anders nur wenn das Forderungsrecht Nebenrecht des Eigentums ist (so bei Inhaberpapieren). Hier schließt das Miteigentum an der Sache (am Papier) Mitberechtigung hinsichtlich der Forderung in sich: trotz Teilung des

Gesamtberechtigung aber bedeutet Gemeinschaft **ohne Aufteilung des Rechts (des Gegenstandes) in mehrere Gegenstände**. Auch hier ist das Recht **geteilt**. Jeder einzelne Gesamtberechtigte hat seinen „Anteil" an den „einzelnen Gegenständen", sein ihm zukommendes Teilrecht. In allen Fällen der Gemeinschaft, auch in den Fällen der Gesamtberechtigung, besteht Teilung der Rechtszuständigkeit. Dadurch unterscheidet sich die Gemeinschaft, auch die Gemeinschaft zu gesamter Hand, begrifflich von der juristischen Person[6]). **Zuständigkeit desselben ungeteilten Rechts an mehrere Rechtssubjekte ist ein Widerspruch in sich selbst**[7]). Soviel Rechtsträger, soviel Rechte (Teilrechte). Aber der Anteil des Gesamtberechtigten ist kein Gegenstand. Das ist der Unterschied der beiden Arten der Gemeinschaft. Was bedeutet das? Der Anteil des Gesamtberechtigten ist nicht vermögensrechtlicher, sondern personenrechtlicher Natur. Er beruht nicht in einem den einzelnen Gegenstand als solchen treffenden vermögensrechtlichen, sondern in einem **für einen Inbegriff von Gegenständen wirkenden personenrechtlichen Verhältnisse** (unten § 12). Darum ist er kein Gegenstand, d. h. kein Verfügungsgegenstand. Kein Gesamtberechtigter kann über seinen Anteil an dem einzelnen Gegenstande verfügen. **Die Verfügung muß gemeinsam sein**[8]). Der Gegenstand erscheint für die Verfügung als ungeteilt. Die Rechtsgemeinschaft ist hier nicht durch die Gemeinschaft der Ausübung (als solche), sondern durch die rechtsnotwendige Gemeinschaft der Verfügung gegeben. Die Art der Rechtsausübung ist gleichgültig. Gesamt-

---

Rechts bleibt, auch wenn die Leistung teilbar ist, Gemeinschaft der Ausübung, denn der Schuldner leistet nur gegen Aushändigung des Papiers.

[6]) Vgl. Heusler, Institutionen des deutschen Privatrechts Bd. 1 S. 239. 249.

[7]) Das gilt trotz der auf Gierkes Ausführungen ruhenden herrschenden Lehre auch für das Recht des BGB., vgl. Jörges, a. a. O. Bd. 49 S. 176 ff., Bd. 51 S. 54 ff.; Binder, Rechtstellung des Erben Bd. 3 S. 14 ff. und unten § 12.

[8]) Nach Maßgabe der Rechtssätze von der Ordnung des personenrechtlichen Verhältnisses.

berechtigung gibt es darum ausnahmslos für alle Gegenstände, auch in bezug auf Forderungsrechte, Pfandrechte, Hypothekenrechte [9]).

Die Teilhaber der Bruchteilsgemeinschaft sind durch die rechtsnotwendige Einheit der Ausübung, die Teilhaber der Gesamtrechtsgemeinschaft durch die rechtsnotwendige Einheit der Verfügung verbundene Gemeinschafter. Die Einheit der Rechtszuständigkeit aber bleibt den Fällen der juristischen Persönlichkeit einer Personengemeinschaft vorbehalten.

§ 11.
Die Mitberechtigung.

1. **Entstehung der Mitberechtigung.** Die Mitberechtigung (der Bruchteil) ist ein Anteil kraft Vermögensrechts, d. h. kraft der Rechtssätze, die für die einzelnen Gegenstände als solche gelten. Die Gemeinschaft nach Bruchteilen ist immer nur Gemeinschaft eines einzelnen Gegenstandes[1]). Sie entsteht nach den Rechtssätzen vom Sonderrechtserwerb: entweder durch ursprünglichen oder durch abgeleiteten Erwerb. Durch ursprünglichen Erwerb entsteht sie (ohne Verfügung) infolge der Vorschriften von der Sachverbindung (947, 1) und vom Schatzfunde (984); Erzeugnisse einer im Miteigentum befindlichen Sache stehen auch ihrerseits im

---

[9]) In 754 wird von Auseinandersetzung bezüglich einer „gemeinschaftlichen Forderung" gehandelt. Es gibt also zweifellos (gegen Jörges a. a. O. Bd. 49 S. 179 Anm.) nach dem BGB. gemeinschaftliche Forderungen im Sinne der Vorschriften von der Gemeinschaft. Nicht gemeint sind die Fälle der Gesamtgläubigerschaft mit ihren Nebenfällen (432), denn hier besteht keine Gemeinschaft im Sinne von 741 ff., sondern (außer dem in Anm. 5 besprochenen Sonderfall) die Fälle der Gesamtberechtigung (kraft Erbengemeinschaft, vgl. 2039, Gütergemeinschaft, Gesellschaftergemeinschaft). Auch die Gesamtberechtigung fällt unter die Gemeinschaft des BGB. (oben Anm. 2), insbesondere hinsichtlich der Rechtssätze von der Auseinandersetzung, wenngleich sie (gegen Binder Bd. 3 S. 42 ff.) keine Bruchteilsgemeinschaft ist.

[1]) Es gibt keine Gemeinschaft nach Bruchteilen an einem ganzen Vermögen oder an einem Inbegriff. „Übertragung" eines Bruchteils des Vermögens (310. 311) ist ein ungenauer Ausdruck.

Miteigentum der Teilhaber ²). Außer diesen Fällen des ursprünglichen Erwerbes entsteht die Mitberechtigung durch Verfügung: sei es durch Verfügung eines Berechtigten, sei es nach Maßgabe der Rechtssätze von der Verfügung eines Nichtberechtigten. So kann durch Auflassung eines Grundstücks (zu Miteigentum), durch Übereignung von Fahrnis (zu Miteigentum) Gemeinschaft nach Bruchteilen erzeugt werden. Die auf Teilung des Rechts gerichtete Verfügung bringt, falls dadurch nicht zugleich die Ausübung geteilt wird, Gemeinschaft nach Bruchteilen hervor. Bruchteilsgemeinschaft kann also durch Verfügung begründet werden (Gesamtberechtigung nicht) und hat, sofern nicht jene ursprünglichen Erwerbsgründe eingreifen, stets Verfügung zur Voraussetzung. Schon daraus folgt, daß die Mitberechtigung (der Bruchteil) einen Gegenstand im Rechtssinn bedeutet.

2. Wesen der Mitberechtigung. Die Mitberechtigung (der Bruchteil) ist ein selbständiges Vermögensrecht, d. h. ein Gegenstand. Der Anteil ist selbständig verkehrsfähig. Es gibt eine Sondernachfolge in die einzelne Bruchteilsberechtigung (an diesem bestimmten Gegenstande). Der Mitberechtigte kann über seinen Anteil durch Veräußerung, Belastung frei verfügen (747); der Anteil kann Gegenstand einer Zwangsverfügung (z. B. Zwangsvollstreckung) sein; er gehört zur Konkursmasse des Teilhabers. In dem Rechtssatz von der freien Verfügungsmacht über den Anteil liegt das Wesen der Bruchteilsgemeinschaft ausgesprochen: das Recht ist in mehrere Gegenstände aufgeteilt ³). Durch die Ver-

---

²) Erwerb der Erzeugnisse kraft dinglichen Rechtsverhältnisses geht ohne Verfügung vor sich und ist daher gleichfalls ursprünglicher Erwerb (oben S. 36 Anm. 15).

³) Die Mehrheit der Gegenstände besteht selbstverständlich erst nach Entstehung der Bruchteile. Der Alleinberechtigte hat nur einen Gegenstand, über den er deshalb auch nur im ganzen verfügen kann. Belastung eines Bruchteils durch einen Alleinberechtigten ist ausgeschlossen (1094, 2. 1106. 1114, vgl. CPO. 864, 2). Veräußerung zu einem Bruchteil ist möglich, weil darin Verfügung über den ganzen Gegenstand (Aufteilung des Rechtes) liegt. Ebenso kann der Bruchteilsberechtigte nicht einen Bruchteil des Bruchteils belasten, wenngleich er seinen Bruchteil zu einem Bruchteil veräußern kann.

fügungsfreiheit sind die Anteile voneinander nach bestimmten Grenzen gesonderte Vermögensrechte. Die Bruchteile sind feste Anteile, es gibt keine Abwachsung noch Anwachsung. Die Verfügungsfreiheit ist zwingenden Rechts. Sie kann auch durch Vereinbarung der Mitberechtigten nicht ausgeschlossen noch beschränkt werden[4]). Niemals schließt die Mitberechtigung Verfügungsmacht über den Anteil eines anderen Mitberechtigten in sich. Soll über das volle Recht (über den gemeinschaftlichen Gegenstand im ganzen) verfügt werden, so bedarf es einer gemeinschaftlichen Verfügung aller Mitberechtigten (747 Satz 2), d. h. einer Vielheit von gegeneinander selbständigen Verfügungen. Soviel Bruchteile, soviel selbständige Gegenstände des verfügungsgeschäftlichen Verkehrs.

§ 12.
Die Gesamtberechtigung.

Gesamtberechtigung (Gemeinschaft zu gesamter Hand) ist Rechtsgemeinschaft kraft Personenrechts[1]), nämlich kraft personenrechtlichen Güterrechts. Sie gilt nur in den gesetzlich bestimmten Fällen (741): nach dem BGB. in den Fällen der Gesellschaft (mit gemeinsamer

---

[4]) Die Vorschrift in 137 gilt auch für die Mitberechtigung, Jörges a. a. O. S. 187.

[1]) In diesem Punkte ist Gierke beizutreten, und ruht in diesem Satze der dogmatische Ertrag seiner bedeutenden Arbeiten. Vgl. insbesondere Gierke, Die Genossenschaftstheorie und die deutsche Rechtsprechung (1887) S. 343 ff., Deutsches Privatrecht Bd. 1 S. 660 ff., Personengemeinschaften und Vermögensinbegriffe in dem Entwurf eines BGB. (1889), Vereine ohne Rechtsfähigkeit, 2. Aufl., 1902 (vgl. auch oben S. 40 Anm. 6). Abzulehnen aber ist seine Auffassung, daß die durch Gesamtberechtigung verbundenen Personen für die Rechtszuständigkeit „eine Personeneinheit" darstellen, so daß „die verbundene Personenmehrheit als solche rechtsfähig und handlungsfähig ist" (so z. B. Gierke, Deutsches Privatr. Bd. 1 S. 661. 682. 684, Genossenschaftstheorie S. 343. 344. 494, Vereine ohne Rechtsfähigkeit S. 29). Damit würde die Gemeinschaft zu gesamter Hand dennoch ein neues Rechtssubjekt und nicht bloß (wie Deutsch. Privatr. Bd. 1 S. 660 zu lesen steht) „ein Rechtsverhältnis, kein Rechtssubjekt" bedeuten. Eine Gemeinschaft, die als solche rechtsfähig und doch keine juristische Person sein soll, erscheint als ein Widerspruch in sich selbst. Vgl. oben § 10 Anm. 6. 7.

Geschäftsführung), der gütergemeinschaftlichen Ehe, der Erbengemeinschaft²). Sie bedeutet die rechtssatzmäßig eintretende vermögensrechtliche Wirkung der genannten personenrechtlichen Verhältnisse. Zwar bedarf es eines Vertrages, damit die Gesellschaft, die Ehe Gesamtberechtigung wirke: im Falle der Gesellschaft des Vertrages über gemeinschaftliche Geschäftsführung³), im Falle der Ehe des Ehevertrages. Aber dieser Vertrag erzeugt die Rechtsänderung nicht als Verfügung über die einzelnen Gegenstände, sondern als personenrechtlicher Vertrag über die Art der Gesellschaft, der Ehe: die güterrechtliche Wirkung tritt rechtssatzmäßig ein (718. 1438, 2). Durch Verfügung (vermögensrechtliches Rechtsgeschäft über den einzelnen Gegenstand), etwa durch Auflassung, Übereignung kann Ge-

---

²) Alle diese Fälle bedeuten bekanntlich geschichtliche Nachwirkungen der Hausgemeinschaft, der Gesamtberechtigung der Hausgenossen (Ganerben) am Hausvermögen. In der Urzeit war die Gesamtberechtigung (der Volksgenossen, der Sippegenossen, der Gemeindegenossen, der Hausgenossen) die einzige, jedenfalls die regelmäßige Form der Rechtszuständigkeit. Die Form der Sonderberechtigung (des Sondereigentums) des einzelnen ist verhältnismäßig jung. Sie entsteht mit der Entwicklung des Individuums, und in unserem individualistischen Zeitalter ist umgekehrt die Sonderberechtigung das regelmäßige und auch die Gemeinschaft für die Regel (als Bruchteilsgemeinschaft) im Stil der Sonderberechtigung gestaltet. Die Gesamtberechtigung nimmt dem Individuum die vermögensrechtliche Gewalt über den gemeinsamen Gegenstand, aber um sie ihm in der Form von personenrechtlichen Befugnissen zurückzugeben, und diese personenrechtlichen „Anteile" der einzelnen Gesamtberechtigten bedeuten, daß auch die gesamte Hand des heutigen Rechts unter dem Einfluß der individualistischen Grundgedanken unserer Privatrechtsordnung sich befindet (vgl. Binder Bd. 3 S. 17).

³) Dieser Fall, daß gemeinschaftliche Geschäftsführung, d. h. Geschäftsführung im Namen aller Gesellschafter gewollt ist, wird im BGB. als Regelfall vorausgesetzt (709). Die Gesellschaft des BGB. ist im Zweifel eine offene (nach außen als solche auftretende) Gesellschaft. Es kann aber ebensowohl die Gesellschaft auch als stille Gesellschaft (von Dernburg, Bürg. Recht Bd. 2 Abt. 2 § 356 Ziff. 3, Innengesellschaft genannt) gewollt sein: einer allein führt nach außen die Geschäfte im eignen Namen, so daß die Gesellschaft nur (wie die römische societas) für das Innenverhältnis, d. h. obligatorisch, wirkt. Dann ist selbstverständlich von Gesellschaftsvermögen (Gesamtberechtigung) und ebenso von Gesellschaftsschulden keine Rede. Ganz unklar und irrig Knoke, Das Recht der Gesellsch. (1901) S. 22: die Gesellschafter können „die gesamte Hand ausschließen", aber „die Vorschriften über Geschäftsführung und Vertretung finden auf alle Gesellschaften Anwendung" (!).

samtberechtigung nicht begründet werden. Ebensowenig kann sie durch ursprünglichen Erwerbsgrund entstehen. Die Kategorien des Sonderrechtserwerbes finden auf den Erwerb der Gesamtberechtigung keine Anwendung.

Gesamtberechtigung besteht, ebenso wie die Bruchteilsgemeinschaft, nur in bezug auf Gegenstände (718. 1438, 2. 2033). Während aber die Gemeinschaft nach Bruchteilen begrifflich die Gemeinschaft eines einzelnen Gegenstandes ist, bedeutet umgekehrt die Gesamtberechtigung begrifflich die Gemeinschaft eines **Inbegriffs** von Gegenständen: eines Vermögens im Sinne einer Gesamtheit von **aktiven** Vermögensbestandteilen; Schulden gehören zum Gesamtgut nicht (oben S. 23)[4]. Es sind die einzelnen Gegenstände gemeinsam. Aber nicht als solche, sondern nur als (gegenwärtige, unter Umständen auch als gewesene) Bestandteile des Inbegriffs[5]. Ausscheiden aus dem Inbegriff bedeutet für die Regel Ausscheiden aus der Gesamtberechtigung. Darum spricht das BGB. in den Fällen der Gesamtberechtigung nicht bloß von dem Anteil „an den

---

[4]) Ebensowenig der Besitz. Der Besitz wird nicht durch eheliche Gütergemeinschaft gemeinsam (vgl. 1438, 2); es kommt lediglich auf das tatsächliche Gewaltverhältnis an. Der Besitz des Erblassers wird nach 857 den sämtlichen Miterben angerechnet (vgl. oben S. 42). Insofern haben sie „Mitbesitz". Aber der Besitz ist dennoch kein Nachlaßgegenstand und fällt daher (gleich den Schulden) nicht in das Gesamtgut der Erbengemeinschaft. Hat ein Miterbe „tatsächlich" den Besitz einer Nachlaßsache ergriffen (darin liegt keine verbotene Eigenmacht), so ist er Alleinbesitzer, jedenfalls was den unmittelbaren Besitz angeht, und kann er einen andern zum Alleinbesitzer oder Mitbesitzer machen. Das bedeutet aber, daß die Rechtssätze von dem Gesamtgut der Erbengemeinschaft auf den Besitz keine Anwendung finden: der Besitz gehört nicht zu den kraft Rechtssatzes gemeinsamen Nachlaßgegenständen. Es folgt daraus, daß ein Miterbe auch den ihm lediglich nach 857 angefallenen Mitbesitz durch Einigung auf einen anderen übertragen kann, falls dieser andere damit in der Lage ist, die Gewalt über die Sache auszuüben (854, 2). Solche Einigung ist keine Verfügung über einen Anteil an einem Nachlaßgegenstande (oben S. 27). Besitzanteile gibt es nicht. All dies gegen Strohal, Erbrecht Bd. 2 S. 85 Anm. 6a, wo auch die sonstige Literatur angegeben ist.

[5]) Nach Auflösung der Gemeinschaft hinsichtlich des Inbegriffs kann die Gemeinschaft einzelner Gegenstände übrig bleiben (vgl. 2047, 2), die dann aber nach wie vor als Wirkung der Zugehörigkeit zum Inbegriff, d. h. als Gesamtberechtigung, nicht als Gemeinschaft nach Bruchteilen zu beurteilen ist.

einzelnen Gegenständen", sondern auch, und zwar an erster Stelle, von dem Anteil „am Vermögen" (am Inbegriff)[6].

Nun ist ohne weiteres klar, daß der Anteil am „Vermögen" (am Gesamtgut) keine Bruchteilsberechtigung in dem oben dargelegten Sinne, d. h. keine vermögensrechtliche Anteilsberechtigung bedeutet. Es kann überhaupt in Wahrheit keinen Anteil „am Vermögen", sondern nur an den jeweils zum Vermögen gehörenden Gegenständen geben, denn das Vermögen als solches ist kein Gegenstand (oben S. 24). Der Anteil „am Vermögen" bedeutet lediglich ein personenrechtliches Verhältnis: die Mitgliedschaft in der mit Gütergemeinschaft ausgestatteten Personengemeinschaft (der Gesellschaft, der Ehe, der Erbengemeinschaft). Der Anteil am Gesamtgut besteht nicht neben oder außer der Mitgliedschaft. Der Ausdruck: Anteil am „Vermögen" ist lediglich eine ungenaue Bezeichnung für die Mitgliedschaft. Was rechtliches Dasein hat, ist nur die Mitgliedschaft, und nur sie kann als Gegenstand einer Verfügung in Frage kommen. Mitgliedschaft aber ist als personenrechtliches Recht grundsätzlich nicht verfügbar (S. 22). Auch die Mitgliedschaft des Gesamtberechtigten (der Anteil am „Vermögen") ist grundsätzlich kein Gegenstand. Aber es gibt Ausnahmen. Über die Mitgliedschaft in der Erbengemeinschaft[7] und damit über seinen Anteil am Nachlasse (am Gesamtgut) kann der Miterbe verfügen (2033, 1), und die Mitgliedschaft in der Gesellschaft kann kraft Gesellschaftsvertrags übertragbar (Verfügungsgegenstand) sein[8]. In diesen Fällen ist die Mitgliedschaft des Gesamtberechtigten (der „Anteil" am „Vermögen") ausnahmsweise Gegenstand nach Art der Vermögensrechte.

Kraft seiner Mitgliedschaft (seines „Anteils" am „Vermögen")

---

[6] Vgl. 719, 1. 1438, 1. 2. 2033.

[7] Nicht über sein Miterbrecht, oben S. 40 Anm. 6.

[8] Die Unübertragbarkeit der Mitgliedschaft in der Gesellschaft (717) ist nicht zwingenden Rechts. Was von der Mitgliedschaft im rechtsfähigen Verein gilt (38 mit 40), ist auf den nicht rechtsfähigen Verein und demgemäß auf die Gesellschaft entsprechend anzuwenden. Vgl. Jörges a. a. O. Bd. 51 S. 74. 75.

hat jeder Gesamtberechtigte einen Anteil an den "einzelnen Gegenständen". Hier bestehen wirklich Anteile. Jeder einzelne Gegenstand ist dem einzelnen Gesamtberechtigten zu einem Anteile zuständig.

Die durch Gierke begründete, jetzt so gut wie allgemein herrschende Lehre ist eine andere. Sie geht davon aus, daß dem Gesamtberechtigten in Wahrheit ein Anteil am "Vermögen", und nur am Vermögen, nicht aber an den einzelnen Gegenständen zukomme; der einzelne Gegenstand sei vielmehr den mehreren Gesamthändern ungeteilt zuständig [9]). Das bedarf der Berichtigung. Ein Anteil am "Vermögen" (als solchem) ist vielmehr, wie schon bemerkt wurde, überhaupt nicht vorstellbar. "Anteil", auch der Anteil des Gesamthänders, bedeutet soviel wie anteilsweise Berechtigung (Teilzuständigkeit eines Vermögensrechts, eines Gegenstandes, 741 ff.). Das Vermögen ist aber kein Vermögensrecht. Es erscheint darum denn auch im BGB. weder als Verfügungsgegenstand noch als Rechtsgegenstand [10]). Vorstellbar ist nur der Anteil an den einzelnen Gegenständen, und dieser Anteil ist durch die Mehrheit der Berechtigten gefordert. Die ungeteilte Zuständigkeit der einzelnen Gegenstände an die mehreren Gesamtberechtigten ist wiederum unvorstellbar. Die "verbundenen" mehreren Personen (Rechtssubjekte) sind nicht dennoch zugleich eine Person (ein Rechts=

---

[9]) Vgl. Gierke, Genossenschaftstheorie S. 364 Anm. 3 (Erbengemeinschaft), S. 379. 380 (eheliche Gütergemeinschaft), S. 364 Anm. 2, S. 543 (Gesellschaft), Deutsch. Privatr. Bd. 1 S. 678. Ihm folgen z. B. Planck Bd. 2 S. 452. 468 (zu § 719), Bd. 5 S. 177 (vor § 2032); Oertmann, Recht der Schuldverhältnisse S. 441. 442 (vor § 705); Frommhold, Erbrecht des BGB. (1900) S. 86; Endemann, Bürg. R. Bd. 1 (8. Aufl.) § 180 S. 1130; Crome, System Bd. 1 § 29 S. 165, Bd. 2 § 280 S. 765; Knoke, Das Recht der Gesellschaft (1901) S. 9. 10 und noch viele andere, vgl. die Zitate bei Jörges in Bd. 51 S. 53 Anm. 19. — Gegen die Gierkesche Auffassung sind bereits mit zutreffenden Gründen aufgetreten Jörges in der Zeitschr. f. Handelsr. Bd. 49 S. 174 ff., Bd. 51 S. 53 ff.; Binder Bd. 3 S. 9 ff. Keinenfalls aber darf man mit diesen Schriftstellern andererseits die Gesamtberechtigung nach dem BGB. im Wesen mit der Mitberechtigung nach Bruchteilen gleichartig auffassen.

[10]) Vgl. Binder Bd. 3 S. 19 ff.; oben S. 8. 24.

jubjekt). Die Mehrheit der Berechtigten schließt auch in den Fällen der Gesamtberechtigung die Teilung der Rechtszuständigkeit notwendig in sich.

Die Gesamtberechtigung ist eine Teilberechtigung hinsichtlich der einzelnen Gegenstände, eine gemeinsame Berechtigung nach ideellen Teilen. Aber die ideellen Teile sind keine Bruchteile im Sinne des BGB., d. h. der Anteil des Gesamthänders hat nicht die Natur eines Vermögensrechts (Gegenstandes)[11]. Auch der Anteil des Gesamthänders an den einzelnen Gegenständen ist personenrechtlicher Natur. Er ist Ausfluß, Begleiterscheinung des personenrechtlichen Verhältnisses der Mitgliedschaft. Dieser Anteil ist ein aus der Mitgliedschaft erwachsendes einzelnes Mitgliedsrecht. Die Mitgliedsrechte des Mitgliedes in der Gemeinderschaft bestehen an erster Stelle darin, daß ihm an allen gemeinsamen Gegenständen ein Anteil zuständig ist[12]. Über einzelne Mitgliedsrechte aber kann (ohne Verfügung über die Mitgliedschaft) niemals verfügt werden (38 Satz 2, oben S. 22). Sie sind untrennbar von der Mitgliedschaft. Das gilt auch hier. Über seinen Anteil an den einzelnen Gegenständen kann der Gesamtberechtigte niemals verfügen. Dieser Rechtssatz

---

[11]) Wenn, gegen Jörges und Binder (oben Anm. 9 a. E.), in Einklang mit dem Wortlaut des BGB. (in 741. 1008), der ideelle Anteil des Gesamthänders (der natürlich auch in einem Bruchteil ausdrückbar ist) zu dem Bruchteil im Sinne des Gesetzes in Gegensatz gestellt wird, so handelt es sich dabei natürlich nicht bloß um Worte, sondern darum, das verschiedene Wesen des Anteils hier und des Bruchteils dort zum Ausdruck zu bringen. Die Auskunft, welche jene Schriftsteller geben, der Anteil des Gesamthänders sei eine Bruchteilsberechtigung der gleichen Art wie in der Gemeinschaft „nach Bruchteilen", nur daß der Bruchteil des Gesamthänders nicht verfügbar ist — bedeutet einen Widerspruch in sich selbst (ebenso wie die Gierkesche Theorie), weil das Wesen der Bruchteilsberechtigung nach dem Gesetz in der Verfügbarkeit beruht. Auch hier wird eine bloße Beschreibung, keine Aufklärung gegeben. Die Aufklärung kann nur in dem verschiedenen Wesen der Anteilsberechtigung gefunden werden.

[12]) Die Mitgliedsrechte der einzelnen dürfen nicht bloß, wie bei Endemann Bd. 1 § 180 S. 1130 Anm. 12, als „Recht auf Teilnahme an der Gemeinnutzung" und „Anwartschaft auf Anteil" bei der Auflösung gefaßt werden; der gegenwärtige Anteil an den einzelnen Gegenständen ist Mitgliedsrecht.

ist zwingend. Davon gibt es keine Ausnahme (vgl. 719. 1442. 2033, 2)[13]). Der Anteil des Gesamtberechtigten an den einzelnen Gegenständen ist ausnahmslos kein Gegenstand, d. h. keine vermögensrechtliche Teilberechtigung, keine Bruchteilsberechtigung. Die Gesamtberechtigung ist eine Gemeinschaft ohne Bruchteile[14]).

Und dennoch sind ideelle Teile an den einzelnen Gegenständen da, und zwar Teile, die in Bruchteilen rechnerisch bestimmbar sind[15])! Unbestimmte Anteile können überhaupt nicht gedacht werden. Was heißt das nun, daß diese Anteile nicht vermögensrechtlicher, sondern personenrechtlicher Natur sind? Der vermögensrechtlich geartete Anteil (der Bruchteil) ist in bezug auf sein Dasein und seine Höhe von einem verkehrsmäßigen, in der Vergangenheit liegenden Erwerbsgrund abhängig. Über Dasein und Höhe des personenrechtlich gearteten Anteils aber entscheidet nicht ein vergangener Erwerbsgrund (für den einzelnen Gegenstand ist überhaupt kein besonderer Erwerbsgrund da), sondern das gegenwärtige personenrechtliche Verhältnis. Der Anteil an allen einzelnen Gegenständen geht durch personenrechtliche Gründe (Verlust der Mitgliedschaft) verloren[16]) und wird durch personenrechtliche Gründe (Erwerb der

---

[13]) Auch durch Gesellschaftsvertrag kann (gegen Jörges Bd. 51 S. 75. 76) Verfügungsrecht über „die Quote" hinsichtlich einzelner Gegenstände nicht begründet werden. Zwar kann der Gesellschafter zur Veräußerung eines Bruchteils an einem Gegenstande ermächtigt sein (er verfügt dann über den ganzen Gegenstand, oben S. 64 Anm. 3), niemals aber zur Veräußerung seines (ihm kraft seiner Gesamtberechtigung zukommenden) Anteils an dem Gegenstande. Seinen Anteil würde er an dem im Gesellschaftsvermögen verbleibenden Restbruchteil unverändert behalten. Sein Anteil an den einzelnen Gegenständen kann nur mit dem Anteil am Vermögen, d. h. mit der Mitgliedschaft, übertragen werden. — Mit der Verfügung über seinen Anteil ist auch der Teilungsanspruch hinsichtlich des einzelnen Gegenstandes, so lange die Gemeinschaft besteht und der Gegenstand nicht aus der Gemeinschaft ausgeschieden ist, ausgeschlossen.

[14]) D. h. ohne Bruchteile im Sinne des Gesetzes. Das steht unmittelbar im BGB., oben Anm. 11.

[15]) So bestimmen sich die Anteile der Miterben in der Erbengemeinschaft nach ihren Erbrechtsquoten. In der ehelichen Gütergemeinschaft gilt unter den Ehegatten Halbteilung. Im Gesellschaftsverhältnis sind die Anteile im Zweifel Kopfteile.

[16]) Es sei denn, daß durch das Ausscheiden des Mitgliedes die Beendigung

Mitgliedschaft) erworben. Die Rechtssätze vom Erwerb und Verlust des Vermögensrechts finden keine Anwendung. Die Höhe des Anteils ferner bestimmt sich nach der Stärke der Mitgliedschaft. Soweit Änderung in der Zahl der Mitglieder bei Fortbestand des Verhältnisses möglich ist [17]), gilt das Recht von der Abwachsung und Anwachsung: die Anteile erhöhen sich, mindern sich je nach der Zahl der Mitglieder. Die Anteile sind von dem personenrechtlichen Verhältnis abhängige b e w e g l i c h e (verlierbare, veränderbare) Anteile. Es kommt noch eins hinzu. Die K r a f t des Anteils, d. h. was dem einzelnen vermöge seines Anteils zukommt, bestimmt sich bei der Bruchteilsgemeinschaft nach Vermögensrecht, und zwar in g l e i c h e r Weise in allen Fällen (das ist der Sinn der Vorschriften in 743 ff.), bei der Gesamtberechtigung aber nach Maßgabe des personenrechtlichen Verhältnisses, und zwar in v e r s c h i e d e n e r Weise je nach der Art des Verhältnisses (Ehe, Gesellschaft usf.). Dasein, Höhe, Kraft des Anteils in der Gesamtberechtigung regeln sich nach Personenrecht. Das drückt der Satz aus: die Anteile sind p e r s o n e n r e c h t l i c h e r Natur.

Da über den personenrechtlichen Anteil an dem einzelnen Gegenstand nicht verfügt werden kann, ist Verfügung nur über den g a n z e n Gegenstand möglich: ein anderer Gegenstand ist nicht da. Die Verfügung über den ganzen Gegenstand aber ist selbstverständlich dem einzelnen unmöglich, denn er hat ja nur einen Anteil. Sie muß grundsätzlich [18]) g e m e i n s a m e Verfügung (Gesamtverfügung) sein.

Durch die Notwendigkeit der Gesamtverfügung sondert sich das Gesamtgut rechtlich von dem freien Vermögen der Teilhaber, während die Mitberechtigung (der Bruchteil) eine Erscheinungs-

---

des ganzen Verhältnisses und damit die Auseinandersetzung herbeigeführt wird (vgl. 730. 1471).

[17]) In der Gesellschaft (738, vgl. HGB. 142), der fortgesetzten Gütergemeinschaft (1490. 1491), der Erbengemeinschaft (bei Ausschlagung eines berufenen Miterben).

[18]) Soweit nicht aus der Verfassung (z. B. der gütergemeinschaftlichen Ehe, der Handelsgesellschaft) ein anderes sich ergibt.

form des freien Vermögens darstellt. Hinsichtlich der Verfügung ist das Gesamtgut für den einzelnen, wie wenn es **fremdes Vermögen** wäre[19]. Aber nicht so, daß die gesamte Hand deshalb ein neues Rechtssubjekt bedeutete. Sie ist kein unklares Mittelding zwischen der juristischen Person und der Gemeinschaft. Es besteht lediglich eine Gemeinschaft (das ist der klare Inhalt von 741 ff.), aber eine Gemeinschaft, deren Anteile nach einem **personenrechtlichen Verhältnis** sich bestimmen[20].

Gemeinschaft gibt es nur in bezug auf Gegenstände. In der Bruchteilsgemeinschaft sind die Anteile wiederum Gegenstände, in der Gesamtrechtsgemeinschaft nicht. Das sind die einfachen Sätze, in denen das Recht des BGB. von der Gemeinschaft (741 ff.), auch von der Gemeinschaft zu gesamter Hand, beruht.

§ 13.
Rechte an Rechten.

Neben den Rechten an Sachen erscheinen im dritten Buch des BGB. Rechte an Rechten. An solchen Rechten, die, wie das Erbbaurecht, für die Rechtssätze von Verfügungsgeschäften Grundstücken gleich stehen (oben S. 20), können die begrenzten Rechte des Liegenschaftsrechts (mit Ausnahme der Grunddienstbarkeiten und des Erbbaurechts), an anderen Rechten die begrenzten Rechte des Fahrnisrechts (Nießbrauch und Pfandrecht) begründet werden.

Rechte an Rechten sind nach dem BGB. nur in bezug auf

---

[19] Einbringung in die Gemeinschaft, z. B. in die Gesellschaft, erfolgt daher durch Veräußerung des ganzen Gegenstandes: der Veräußernde behält keinen vermögensrechtlich gearteten Anteil zurück. Gierke, Vereine ohne Rechtsfähigkeit S. 23 Anm. 34 a.

[20] Das drückt die Grundbuchordnung 48 mit den Worten aus: „Soll ein Recht für mehrere gemeinschaftlich eingetragen werden, so soll die Eintragung in der Weise erfolgen, daß entweder die Anteile der Berechtigten in Bruchteilen angegeben werden, oder daß für die Gemeinschaft maßgebende Rechtsverhältnis bezeichnet wird." Besser kann der innere Gegensatz zwischen Bruchteilsgemeinschaft und Gesamthand kaum ausgedrückt werden.

solche Rechte möglich, welche Gegenstände sind¹), und die Rechte an solchen Rechten müssen ihrerseits wiederum Gegenstände sein, denn nur durch Verfügungsgeschäft können Rechte an Rechten begründet werden²). Der Begriff des Rechts am Recht gehört ausschließlich dem Gebiet der verfügbaren Rechte, d. h. der Vermögensrechte an.

Die Begründung eines Rechts am Recht bedeutet nach dem BGB. nicht, wie behauptet worden ist³), eine teilweise Übertragung des betreffenden Rechts auf ein anderes Subjekt, so daß das Recht an einem fremden Recht begrifflich von einem Recht an einer fremden Sache verschieden wäre. Es ist vielmehr gewiß, daß die liegenschaftlichen Rechte, welche am Erbbaurecht und an verwandten Rechten begründet werden können, genau der gleichen Natur sind wie die liegenschaftlichen Rechte am Grundstück. Es finden in dem einen und in dem anderen Fall völlig dieselben Rechtssätze Anwendung (1017,1). Damit ist die rechtliche Gleichsetzung der beiden Fälle ausgesprochen. Auch ist es klar, daß eine Hypothek (oder ein dingliches Vorkaufsrecht, eine Reallast) am Erbbaurecht

---

¹) Das Erbbaurecht ist ein verfügbares Recht. Ebenso die anderen nach Liegenschaftsrecht zu behandelnden Rechte. Nach Fahrnisrecht können nur solche Rechte belastet werden, die übertragbar sind (1069. 1274).

²) Vgl. 1069. 1274. — So wenig das ehemännliche Recht der Verwaltung und Nutznießung hinsichtlich der zum eingebrachten Frauengut gehörenden Sachen ein Sachenrecht, so wenig ist es hinsichtlich der zum Eingebrachten gehörenden Rechte ein Recht am Recht (gegen Hölder, Allg. Teil S. 204).

³) Hölder, Allg. Teil S. 204. Ähnlich Seckel in der Berliner Festgabe für Koch (1903) S. 210 Anm. 1. In der gemeinrechtlichen Literatur überwog die Ansicht, daß Rechte an Rechten nach Art der Rechte an fremder Sache nicht möglich seien, vgl. Windscheid, Pand. 8. Aufl. Bd. 1 § 48a Anm. 1. Hölder vertritt jetzt für das BGB. den gleichen Standpunkt (anders früher für das gemeine Recht Hölder, Pand. S. 329. 330). Zitelmann, Internat. Privatr. Bd. 2 S. 49. Allg. Teil S. 23 bringt die Rechte an Rechten unter den Gesichtspunkt seiner „Rechte des rechtlichen Könnens" (vgl. unten § 15 Anm. 1): die „rechtliche Verfügung über das unterliegende Recht" sei der wesentliche Inhalt des Rechts am Recht. Es ist aber zweifellos, daß z. B. der Nießbrauch an einem Erbbaurecht auf Einwirkung nicht auf das Recht als solches, sondern auf die Sache geht (vgl. unten im Text), so daß vielmehr nach Zitelmanns Terminologie ein Recht des „Dürfens" vorliegen würde. Aber die Zitelmannsche Einteilung vermag überhaupt keinen Aufschluß über die rechtliche Art der Rechte zu geben, unten § 15 Anm. 1.

nicht das geringste von Übertragungswirkung in sich schließt. Der Erbbauberechtigte bleibt jedem Dritten gegenüber zur vollen Geltendmachung seines Erbbaurechts berechtigt. Er hat nichts übertragen. Das Recht am Recht bedeutet begrifflich nach dem BGB. eine **Belastung** des betreffenden Rechts, nicht eine teilweise Übertragung. Das gilt auch für die nach Fahrnisrecht belastbaren Rechte, zumal die Belastung mit einem Nießbrauche in gleicher Weise sowohl für die nach Liegenschaftsrecht wie für die nach Fahrnisrecht zu beurteilenden Rechte möglich ist. So gewiß der Nießbrauch am Erbbaurecht als Nießbrauch an einem **Rechte**[4]) zu beurteilen ist und doch lediglich die Wirkungen eines Nießbrauchs (nach Maßgabe der Rechtssätze vom Nießbrauch an einem Grundstück), nicht Übertragungswirkung äußert[5]), so gewiß ist auch der Nießbrauch an einem Forderungsrecht nach dem BGB. als **Belastung** des Forderungsrechts mit einem Nießbrauchsrecht und nicht als teilweise Übertragung des Forderungsrechts zu beurteilen: die Tatsache, daß der Gläubiger während Bestehens des Nießbrauchs[6]) von der Geltendmachung des Forderungsrechts (ohne Mitwirkung des Nießbrauchers) ausgeschlossen ist, bedeutet eine in diesem Sonderfall eintretende Folge der Belastung, die keineswegs begrifflich für alle Fälle des Rechts am Recht gegeben ist.

Als Belastungen sind die Rechte an Rechten den Rechten an Sachen **gleichartig**. Das dritte Buch des BGB. handelt dementsprechend, obgleich es die Überschrift „Sachenrecht" trägt, nicht bloß von Rechten an Sachen, sondern von Rechten an **Gegenständen**: an körperlichen Gegenständen (Sachen) und an unkörperlichen. Der Begriff des **dinglichen** Rechts kann nach dem BGB. nicht mehr mit dem Begriff des Sachenrechts gleichgesetzt

---

[4]) Es findet zweifellos 1071 Anwendung; das mit Nießbrauch belastete Erbbaurecht kann durch Rechtsgeschäft nur mit Zustimmung des Nießbrauchers aufgehoben werden. Vgl. die Verweisung auf 876 Satz 3 in 1071, 1 Satz 3.

[5]) Durch Belastung des Erbbaurechts mit einem Nießbrauch wird der Erbbauberechtigte nicht verhindert, sein Erbbaurecht dritten gegenüber in vollem Maße geltend zu machen (1017, 1).

[6]) Das gleiche gilt im Falle der Verpfändung des Forderungsrechts (1281).

werden. Die dinglichen Rechte des BGB. (des dritten Buchs) sind als **gegenständliche** Rechte zu denken.

Damit ist zugleich ein Anhaltspunkt für die Begriffsbestimmung des dinglichen (gegenständlichen) Rechts im Sinne des BGB. gegeben. Schon für die Sachenrechte des BGB. würde es nicht zutreffen, das Wesen des dinglichen Rechts in die Befugnis zur Einwirkung auf seinen Gegenstand zu setzen. Es gibt Sachenrechte (Hypothek, Grundschuld, Reallast, dingliches Vorkaufsrecht), die zu keinerlei Einwirkung auf den Sachkörper berechtigen. Noch weniger kann der Inhalt eines Rechts am Recht in der Befugnis zur Einwirkung auf das belastete Recht gefunden werden. Der Einwirkungs-Gegenstand des belasteten Rechts ist vielmehr, soweit überhaupt Einwirkung in Frage kommt, zugleich Einwirkungs-Gegenstand für den Inhaber des herrschenden Rechts. Wer einen Nießbrauch an einem Erbbaurechte hat, ist nicht zur Einwirkung auf das Erbbaurecht, sondern zur Einwirkung auf das Bauwerk berechtigt. Der Einwirkungs-Gegenstand ist als solcher nicht der Rechtsgegenstand der Sachenrechte. Rechtsgegenstand der dinglichen Rechte ist vielmehr derjenige Gegenstand, dessen **Rechtslage** durch das dingliche Recht beherrscht wird: dingliche (gegenständliche) Rechte im Sinne des BGB. sind diejenigen Rechte[7]), welche die Rechtslage eines durch den Inhalt des Rechts bezeichneten Gegenstandes[8]) zugunsten des Berechtigten **unmittelbar**[9]) bestimmen. Sie geben damit unmittelbare **Macht** über einen Gegenstand (eine Sache, ein fremdes Recht), deren Art verschieden ist je nach dem Inhalt des Rechts

---

[7]) Bloße Verfügungsbeschränkungen bedeuten trotz dinglicher Wirkung keine dinglichen Rechte. „Rechte" an Gegenständen (Sachen, Rechten) sind nur **gegenständlich** geartete (dem verfügungsgeschäftlichen Verkehr angehörende, insbesondere durch Verfügungsgeschäft begründbare) Rechte. Verfügungsbeschränkungen können nicht durch Verfügungsgeschäft begründet werden (137): sie bedeuten niemals Gegenstände und darum niemals dingliche Rechte (Vermögensrechte) im Sinne des Gesetzes.

[8]) Dem Forderungsrecht ist es wesentlich, daß sein Inhalt die verpflichtete Person, dem dinglichen Recht, daß sein Inhalt den unterworfenen Gegenstand individuell benennt.

[9]) Nicht erst, wie bei Forderungsrechten, durch das Mittel der Handlung eines anderen.

und der Beschaffenheit seines Gegenstandes. Die Rechte an Rechten bestimmen unmittelbar die Rechtslage des belasteten Rechts genau ebenso wie die Sachenrechte die Rechtslage der Sache. Welche Befugnisse daraus für den Berechtigten hervorgehen, ist je nach den Fällen verschieden. Das Wesen des dinglichen Rechts aber beruht nur in der unmittelbaren Wirkung auf das rechtliche Bestimmtsein eines Gegenstandes, nicht in der Macht über irgend etwas Körperliches. Das ist es, was durch die Möglichkeit von Rechten an Rechten bestätigt wird.

§ 14.
Fruchtbegriff.

Der Fruchtbegriff des BGB. ist viel und scharf getadelt worden. v. Petrazycki erklärt ihn für "ein logisches und praktisches Mißgebilde". Reichel spricht von "eklektischer Verschmelzung verschiedener Theorien" und von "Prinzipmischerei"[1]. In Wahrheit hat das BGB. einen ganz einfachen, in sich klaren und einheitlichen Fruchtbegriff, und zwar in derjenigen Gestalt, die durch den inneren Zusammenhang des Gesetzes gefordert war.

Die Rechtssätze des BGB. über Früchte und Nutzungen (99. 100) gelten für Sachen und Rechte, aber nur für solche Rechte, welche Gegenstände (Vermögensrechte) sind. Das drückt das BGB. dadurch aus, daß es nur solchen Rechten Früchte zuschreibt, die ihrer "Bestimmung gemäß" Erträge hervorbringen (99, 2). Die Beschränkung des Begriffs der Rechtsfrüchte auf bestimmungsgemäße Erträge ist[2] keineswegs bedeutungslos. Die elterliche Gewalt trägt trotz der elterlichen Nutznießung keine Früchte, weil die Bestimmung der elterlichen Gewalt sich nicht in den Nutznießungserträgen ausdrückt. Nur Vermögensrechte und vermögens-

---

[1] Vgl. v. Petrazycki, Die Lehre vom Einkommen, Bd. 1 (1893) S. 282; Reichel, Der Begriff der Frucht im BGB., in Jherings Jahrbüchern Bd. 42 S. 305 ff. sowie die dort angeführten Äußerungen anderer Schriftsteller.
[2] Gegen Hölder, Allg. Teil S. 226. 227; Reichel a. a. O. S. 293.

rechtlich zu behandelnde Mitgliedschaftsrechte (z. B. des Aktionärs) sind um ihrer Erträge willen da.

Nur Gegenstände (körperliche und unkörperliche) können Früchte haben, und wiederum: nur Gegenstände (Sachen und Vermögensrechte) können Früchte sein.

Der Begriff der Frucht hat eine zweifache praktische Bedeutung: eine für das Sachenrecht, eine andere für das Schuldrecht. Das Sachenrecht regelt den Fruchterwerb. Für diese Rechtssätze ist der Begriff der natürlichen Früchte maßgebend. Das Schuldrecht regelt den Fruchtersatz (der eine hat dem anderen gezogene bezw. versäumte Früchte zu erstatten). Für das Schuldrecht treten den natürlichen die sogenannten bürgerlichen Früchte hinzu.

Sowohl für den sachenrechtlichen wie für den schuldrechtlichen Fruchtbegriff des BGB. ist der Begriff des Erträgnisses grundlegend[3]). Erträgnis ist ein konkreter Gegenstand (Sache oder Recht), der kraft eines anderen Gegenstandes ohne Substanzminderung dieses Gegenstandes gewonnen wird. Niemals also sind die Früchte im Sinne des BGB. bloße Werte, d. h. bloße rechnungsmäßige Größen[4]), wenngleich natürlich auf dem Gebiete des Schuldrechts die Erstattung natürlicher oder bürgerlicher Früchte, insbesondere wenn es sich um versäumte Früchte handelt, in der Form der Erstattung von Werten vor sich geht.

---

[3]) Das BGB. sagt „Ausbeute" (99, 1) und „Erträge" (99, 2. 3). Gemeint ist mit beiden Worten das, was im Text Erträgnisse genannt ist. Ertrag (im Singular) bedeutet einen in Geld ausdrückbaren Wert, der Plural „Erträge" aber konkrete Gegenstände, d. h. Erträgnisse. Vgl. Reichel a. a. O. S. 208 ff., der eine treffende Ausführung über den Sprachgebrauch gibt. Seinem Sprachgebrauche schließe ich mich an. Nur darf auf dem Boden des BGB. Erträgnis nicht mit Sache gleichgesetzt werden (gegen Reichel S. 209); die Erträgnisse des BGB. sind Gegenstände.

[4]) Mit Unrecht setzt Reichel S. 291 die unkörperlichen Gegenstände, welche Früchte eines Rechts sein können, mit „unkörperlichen Werten" gleich, um dann S. 292 nicht, wie im Gesetz steht, die Erträge (d. h. Erträgnisse), sondern den „Wert der Erträge" als die Frucht des Rechts im Sinne des BGB. zu bezeichnen. Rechte (z. B. die fällige Dividendenforderung des Aktionärs) sind nach dem BGB. Früchte eines Mutterrechts nicht als „Werte", sondern als Gegenstände.

Der Gegenstand. § 14. Fruchtbegriff. 79

Aber was dem Werte nach erstattet, ersetzt wird, das sind Gegenstände (Früchte), die entweder vorhanden waren oder als solche gedacht werden, die hätten vorhanden sein müssen. Niemals ist der Wert selbst Frucht; er ist ein Ersatz der Frucht.

Der Begriff der bürgerlichen Früchte sagt: zu erstatten sind schuldrechtlich auch solche Erträgnisse, die nur **mittelbar**, nämlich durch das Mittel eines hinzutretenden Rechtsverhältnisses, aus dem fruchttragenden Gegenstande gewonnen worden sind bezw. gewonnen werden konnten. Sowohl von Sachen wie von Rechten (Gegenständen) sind bürgerliche Früchte möglich (99, 3). Die bürgerliche Frucht selber aber ist, weil kraft eines weiteren Rechtsverhältnisses gewonnen, immer ein Recht, und zwar durchweg ein Forderungsrecht [5]).

Für das Sachenrecht ist nur der Begriff der natürlichen Frucht von Bedeutung. Natürliche Früchte (99, 1. 2) sind diejenigen Erträgnisse, welche ein Gegenstand **unmittelbar**, d. h. kraft seiner Natur (ohne Vermittelung eines hinzutretenden Rechtsverhältnisses) hervorbringt. Es gibt natürliche Früchte nicht bloß von Sachen, sondern auch von Rechten.

Natürliche Früchte einer Sache sind alle ihre Erzeugnisse und die sonstige aus der Sache bestimmungsgemäß gewonnene Ausbeute (99, 1). Erzeugnisse sind zur Ablösung bestimmte Sachteile [6]), deren Ablösung keine Minderung der durchhaltenden Sachsubstanz bedeutet. Alle Erzeugnisse werden vom BGB. als Erträgnisse („Ausbeute") und damit als Früchte beurteilt, mag ihre Gewinnung im Einzelfall den Regeln einer ordnungsmäßigen Wirtschaft entsprechen oder nicht. Sonstige Ausbeute mindert die durchhaltende Sachsubstanz für die natürliche Anschauung, ist aber doch Erträgnis und folgeweise Frucht, wenn sie der wirtschaftlichen Sachbestimmung gemäß gewonnen wird, d. h. wenn ihre Ge-

---

[5]) Vgl. Reichel S. 295 ff. Die überfallenden Früchte (911) sind aber als natürliche, nicht als bürgerliche Früchte des Überfallsgrundstücks zu beurteilen (anders Reichel S. 300).

[6]) Vgl. Hölder, Allg. Teil S. 224.

winnung nach der Anschauung des Verkehrs nicht als Substanz=
vernichtung, sondern als Substanznutzung erscheint[7]). Hier ist
keineswegs die Erzeugnistheorie mit der Bestimmungstheorie
„eklektisch" verschmolzen[8]). Es ist vielmehr der Begriff der Aus=
beute (d. h. der Erträgnisse) dahin bestimmt, daß er alle ohne
Substanzminderung abtrennbaren Sachteile umfaßt, mit dem Bei=
fügen: es genügt, daß nach der Anschauung des Verkehrs
Substanzminderung nicht vorliegt.

Das wesentlich Neue ist, daß es nach dem BGB. auch natür=
liche Früchte von Rechten gibt (99, 2). Natürliche Früchte eines
Rechts sind die Erträgnisse, die unmittelbar kraft der Natur, d. h.
kraft des Inhalts des Rechts gewonnen werden. Auch die
Rechtsfrüchte sind niemals Werte, sie sind immer konkrete Er=
trägnisse, nämlich Gegenstände[9]). Während aber natürliche Früchte
einer Sache nur Sachen sind, können als natürliche Früchte eines
Rechts sowohl Sachen wie Rechte, sowohl körperliche wie unkörper=
liche Gegenstände auftreten. Sachen sind natürliche Früchte des
Rechts, wenn sie ohne Substanzminderung des Rechts kraft des
Inhalts des Rechts als Erträgnisse gewonnen werden. Der ge=
wonnene Bernstein ist natürliche Frucht der Bernsteingerechtigkeit[10]).
Sachfrüchte sind, falls an der Sache ein Fruchtrecht (z. B. Nieß=
brauch, Berggerechtigkeit) besteht, zugleich natürliche Früchte der
Sache und natürliche Früchte des Fruchtrechts, d. h. es finden
sowohl die Rechtssätze von Sachfrüchten wie die von Rechtsfrüchten
Anwendung. Rechte sind natürliche Früchte eines Rechts, sobald
sie aus dem Inhalt des Hauptrechts entspringende, aber nicht dessen
Substanz, sondern nur dessen Erträgnis verwirklichende Rechte dar=
stellen: die fällige Zinsforderung ist natürliche Frucht der Haupt=
forderung[11]), die Dividendenforderung natürliche Frucht des Aktien=

---

[7]) Vgl. Reichel a. a. O. S. 281.
[8]) Das ist die Ansicht von Reichel S. 305.
[9]) Vgl. oben Anm. 4.
[10]) Ebenso ist die rechtmäßige Jagdbeute natürliche Frucht des Jagdrechts, Reichel S. 301.
[11]) Bestandteil der zinsbaren Darlehnsforderung ist das Forderungsrecht

rechts. Auch auf den Erwerb dieser Rechte finden die Rechtssätze des Sachenrechts vom Fruchterwerb Anwendung (vgl. oben S. 78 und Anm. 11).

Immer ist für den Begriff der natürlichen (nach Sachenrecht zu beurteilenden) Frucht das Ursprungsverhältnis maßgebend. Natürliche Frucht einer Sache sind die Sachen, natürliche Früchte eines Rechts die Gegenstände, welche aus der Sache, dem Recht als Ausbeute (nicht substanzminderndes Erträgnis) hervorgehen.

Das Sachenrecht des BGB. (das dritte Buch) wird an letzter Stelle nicht durch den Begriff der Sache, sondern durch den Begriff des Gegenstandes beherrscht (oben § 13). Das ist es, was sich hier bestätigt. Es gibt dingliche Rechte nicht bloß an Sachen, sondern ebenso an Rechten. Auch dingliche Fruchtrechte (Nießbrauch) können an einem Recht begründet sein. Folglich muß es wie natürliche Sachfrüchte so auch natürliche (nach Sachenrecht zu erwerbende) Rechtsfrüchte geben. Ist das dingliche Recht, auch das dingliche Fruchtrecht, vom BGB. aus einem Sachenrecht in ein gegenständliches Recht verwandelt worden, so muß auch der Fruchtbegriff über den Begriff der Sachfrucht hinaus zu dem Begriff der Frucht

---

auf Zins überhaupt, aus welchem als seine natürliche Frucht das Recht auf den fälligen Zins hervorgeht. In gleicher Weise ist das Recht auf die fällige Rente natürliche Frucht des Rechts auf Rente überhaupt (der Rentenschuld bezw. der Reallast). Es steht, gegen Reichel S. 299. 300, außer Zweifel, daß die fällige Zinsforderung für das Recht des BGB. als natürliche Frucht des Hauptrechts (nach 99, 2) und nicht etwa als bürgerliche Frucht (nach 99, 3) zu beurteilen ist. Abzulehnen ist die Meinung Reichels S. 300, es sei gleichgültig, welcher Ansicht man sich anschließe; „praktisch" sei die Unterscheidung nicht. Vielmehr sind die bürgerlichen Früchte (nach 99, 3) vom Fruchterwerb nach Sachenrecht (z. B. kraft Nießbrauchsrechts) ausgeschlossen, während die natürlichen Früchte (nicht bloß die nach 99, 1, sondern ebenso die nach 99, 2) dem Fruchterwerb nach Sachenrecht unterstehen. Weil das Recht auf den fälligen Zins (die fällige Rente) eine natürliche Frucht des Hauptrechts darstellt, fällt sie kraft Sachenrechts dem an dem Hauptrecht Nießbrauchsberechtigten ipso jure zu (daß dies die Meinung der Vorschriften in 1076 bis 1080 ist, leidet nicht den geringsten Zweifel), — was nicht der Fall sein könnte, wenn die Zinsforderung als bürgerliche Frucht zu beurteilen wäre. Über den Erwerb der bürgerlichen Früchte (nach 99, 3) entscheidet nicht das sachenrechtliche Fruchtrecht, sondern das Recht des die bürgerliche Frucht vermittelnden Rechtsverhältnisses, z. B. das Mietrecht.

eines Gegenstandes sich erweitern. Es muß natürliche Früchte nicht bloß, wie nach römischem Recht, von Sachen [12]), sondern ebenso von Rechten geben, d. h. es muß auch in bezug auf die durch ein Recht gewährten Erträgnisse die Anwendung des sachenrechtlichen Fruchtrechts möglich sein. Der Fruchtbegriff des BGB. ist die logisch notwendige Folgerung der Grundgedanken seines Sachenrechts.

§ 15.

System der Rechte nach dem Bürgerlichen Gesetzbuche.

Man kann die Rechte mannigfach einteilen. Das System der Rechte des BGB. muß derart sein, daß es den Inhalt des BGB. wiederspiegelt [1]).

Das BGB. gebraucht den Ausdruck „Recht" bald im weiteren, bald im engeren Sinne. In der Regel spricht es von Rechten im weitesten Sinne des Wortes. Wie der Sprachgebrauch des täglichen Lebens jede rechtlich begründete Befugnis (Berechtigung) ein Recht nennt, so auch das BGB.: unter Recht ist im Zweifel jede

---

[12]) Nach römischem Recht ist zweifellos die Zinsforderung als civile Frucht zu beurteilen: es gab keine natürlichen Früchte eines Rechts. An diesem Punkt tritt die Fortentwicklung nicht bloß des Fruchtrechts, sondern des gesamten im BGB. enthaltenen Sachenrechts gegenüber dem römischen Recht sichtbar hervor.

[1]) Gegen Zitelmanns Einteilung der Rechte in Rechte des Könnens, Dürfens und Sollens (vgl. Zitelmann, Internationales Privatrecht Bd. 1 (1897) S. 48 ff. Bd. 2 S. 32 ff. Allg. Teil S. 22. 23), die mannigfachen Anklang gefunden hat (z. B. bei Hellwig, Anspruch S. 2 ff.), ist bereits mit Recht eingewandt worden, daß das rechtliche Können in jedem Recht enthalten ist, daß überhaupt ein einheitliches Einteilungsprinzip fehlt, da Können und Dürfen auf den Berechtigten, das Sollen aber auf den Gegner bezogen ist, vgl. Seckel, Gestaltungsrechte, Berliner Festgabe für Koch S. 209. 210, auch Endemann Bd. 1 (8. Aufl.) § 14 Anm. 10, Affolter, Das intertemporale Recht Bd. 1 Teil 2 (1903) S. 152. Die Hauptsache ist, daß diese Einteilung, die Zitelmann auch in seinem „Allg. Teil" als für das BGB. grundlegend vorträgt, über irgendwelche Rechtssätze, insbesondere über den Inhalt des BGB. keinerlei Aufschluß gibt. Die verschiedenen, von ihm aufgestellten Gruppen sind nicht durch bestimmte auf sie bezügliche Rechtssätze zusammengehalten. Die Zitelmannsche Einteilung ist daher, so geistreich sie sich anhört, doch ohne Bedeutung für unsere Rechtserkenntnis.

konkret gewordene Berechtigung zu verstehen²). In diesem Sinne gibt es nach dem BGB. „Rechte" des Besitzers als solchen (859, 4. 860), „Rechte" (nicht bloß ein Forderungsrecht) des Käufers (440, 1), „Rechte" des Eigentümers (1051. 1054), ein „Recht" des Rücktritts (355), ein „Recht" des Widerrufs (530, 2), ein „Recht" zu verlangen (194, 1), ein „Recht" Einwendungen geltend zu machen (1148 Satz 2) usf. Ebenso zweifellos aber wird an anderen Stellen das Wort „Recht" in einem engeren Sinn gebraucht. In 1940 heißt es: der Erblasser kann den Erben oder einen Vermächtnis= nehmer zu einer Leistung verpflichten, „ohne einem anderen ein Recht auf die Leistung zuzuwenden (Auflage)". Da in solchem Falle für den Erben (bezw. andere Personen) dennoch ein Anspruch auf Vollziehung der Auflage, d. h. ein „Recht" besteht, die auf= erlegte Leistung zu verlangen (2194 mit 194, 1), so ist klar, daß der Ausdruck „Recht" in 1940 in einem engeren Sinne gebraucht ist als in 194. Es kommt darauf an, die verschiedenen Arten von „Rechten" zu unterscheiden. Grundlegend sind die Rechtssätze, welche die Kraft der Rechte bestimmen.

Das BGB. kennt dreierlei den Rechten innewohnende Gaben, durch deren Verteilung ein dreifach gegliederter Stufenbau von Rechten sich erhebt, je nachdem ein Recht nur die eine oder auch die zweite oder endlich auch die dritte Gabe empfangen hat.

I. Begrifflich notwendig ist jedem Recht die Kraft, daß es die ihm entsprechende Handlung rechtfertigt. Die Handlung, durch welche ein Recht ausgeübt wird, ist als solche eine rechtmäßige

---

²) Auch die Begriffsbestimmungen der Lehrbücher pflegen diesen weitesten Begriff des subjektiven Rechts wiederzugeben, ja sich auf ihn zu beschränken. Vgl. z. B. Windscheid, Pand. Bd. 1 § 37. Crome, System Bd. 1 § 29. Dernburg, Bürg. R. Bd. 1 § 41. — Nur die konkret gewordene Berechtigung, nicht die abstrakte, durch die allgemeinen rechtlichen Eigenschaften der Person (Rechts= fähigkeit, Geschäftsfähigkeit usf.) gegebene rechtliche Möglichkeit zu rechtserheblichem Handeln ist ein subjektives Recht, ein „Recht" im Sinne des BGB. Vgl. Zitelmann, Internationales Privatrecht Bd. 2 S. 43 ff. Kipp bei Wind= scheid, Pand. 8. Aufl. Bd. 1 S. 138. O. Bülow, Klage und Urteil (1903) S. 12 ff. 18 ff.

Handlung³). Das gilt von den Rechten im weitesten Sinne des Wortes, und um dieses Satzes willen ist der Begriff des Rechtes im weitesten Sinne (in dem Sinne, in welchem das Wort gewöhnlich vom BGB. gebraucht wird) von rechtlichem und wissenschaftlichem Wert. Die Rechte im weitesten Sinne entscheiden darüber, ob eine Handlung rechtmäßige oder widerrechtliche Handlung ist. Widerrechtlich ist die nicht durch ein entsprechendes Recht gedeckte Handlung, die ein fremdes Rechtsgut verletzt⁴). Für die rechtliche Beurteilung einer auf fremde Rechtsgüter einwirkenden Handlung sind die Rechte im weitesten Sinne maßgebend, und um dieser Bedeutung willen sind die Rechte im weitesten Sinne selber Rechtsgüter: sie genießen des Rechtsgüterschutzes gegen schuldhafte Verletzung (823, 1).

Es gibt eine große Zahl von Rechten, deren Kraft in dieser elementaren Wirkung aller Rechte sich **erschöpft**. Sie geben der entsprechenden Handlung die Eigenschaft einer rechtmäßigen Handlung und entscheiden damit über ihre **rechtliche** Wirkung. Beispiele sind das Notwehrrecht, das Anfechtungsrecht, das Aufrechnungsrecht, das Kündigungsrecht, das Recht auf Ehescheidung, das Zurückbehaltungsrecht, das Recht, eine Erbschaft auszuschlagen usf. Alle diese Rechte finden ihre Befriedigung durch die Rechtsordnung selber, durch die rechtliche Beurteilung, welche sie der Handlung zuteil werden läßt. Diese nur auf **Rechtswirkung** gehenden Rechte richten sich deshalb niemals gegen einen „anderen", der sie zu befriedigen hätte. Sie sind — und das bestimmt für das BGB. ihre juristische Form — **Rechte ohne Anspruch**. Sie sind nur von rechtfertigender Kraft und mögen daher **rechtfertigende**

---

³) Schikanöse Ausübung eines Rechts ist keine Rechtsausübung (226). Das entspricht niemals dem von der Rechtsordnung gewollten Inhalt eines Rechts, lediglich einem anderen Schaden zuzufügen.

⁴) In diesem Sinne gebraucht das BGB. durchweg den Ausdruck „widerrechtlich" (vgl. 123: Verletzung des Rechtsguts der freien Selbstbestimmung; 823, 1. 831. 832: Verletzung von Rechtsgütern überhaupt). Wenn die Handlung durch ein Recht (im weitesten Sinne) gedeckt ist, so ist sie nicht widerrechtlich (227. 228. 229. 858). Das BGB. hat (gegen Titze, Die Notstandsrechte im BGB. 1897, S. 11 Anm. 36. S. 81) in dieser Hinsicht einen festen Sprachgebrauch.

Der Gegenstand. § 15. System der Rechte nach dem BGB. 85

Rechte genannt werden: in dem Sinne, daß sie lediglich d i e s e Eigenschaft entwickeln, ohne die überhaupt ein Recht nicht sein kann.

Man hat den bloß rechtfertigenden Rechten die wissenschaftliche Daseinsberechtigung abgesprochen, weil sie lediglich Begleiterscheinungen anderer Rechte (nämlich der anspruchgeschützten Rechte) seien[5]). Aber dieser Einwand trifft nicht zu. Das Notwehrrecht hat durchaus kein anspruchgeschütztes Recht zur Voraussetzung. Ebenso das Recht auf Scheidung oder Aufhebung der Ehe. Von dem Einrederecht, welches gleichfalls lediglich rechtfertigender Art ist, gilt genau das gleiche. Ebenso in der Regel von dem Anfechtungsrecht. Die bloß rechtfertigenden Rechte können nicht bloß als begleitende, sondern ebenso als selbständige Rechte auftreten. Es ist daher systematisch notwendig, diese Klasse der nur rechtfertigenden Rechte zu bilden[6]). Alle Gestaltungsrechte (oben S. 11 Anm. 8) gehören dazu, die ihrerseits gleichfalls bald begleitender, bald selbständiger Natur sind. Aber die Zahl der bloß rechtfertigenden Rechte ist größer als die der Gestaltungsrechte[7]).

II. Über den bloß rechtfertigenden Rechten erheben sich als Rechte höherer Stufe die R e c h t e m i t A n s p r u c h, d. h. die Rechte, kraft deren von a n d e r e n ein der Berechtigung entsprechendes

---

[5]) Vgl. insbesondere T h o n, Rechtsnorm und subjektives Recht (1878) S. 338 ff. und neuerdings E l t z b a c h e r, Die Handlungsfähigkeit (1903) S. 103. 104.

[6]) Gerade für diese bloß rechtfertigenden Rechte ist der Rechtssatz von der schikanösen Ausübung „eines Rechts" (226) von besonderer Bedeutung. So z. B. für die schikanöse Ausübung des Zurückbehaltungsrechts nach 410 (Hellwig, Anspruch S. 355), für die schikanöse Ausübung des nach 2014. 2015 dem Erben zuständigen Einrederechts (Strohal, Erbrecht 3. Aufl. Bd. 2 § 74 S. 228. 229). Anfechtung eines dem Anfechtenden nicht nachteiligen Rechtsgeschäfts (Anfechtung ohne Läsion) wird regelmäßig als Schikane „unzulässig" sein. — Auch als Gegenstand schuldhafter Verletzung eines „Rechts" (823, 1) können die bloß rechtfertigenden Rechte, z. B. das Zurückbehaltungsrecht, in Frage kommen. Verletzung eines Rechts fällt mit Beeinträchtigung eines Rechts zusammen, vgl. 1051. 1054. 1217. 1391. 2128. — Es ist also auch p r a k t i s c h von Bedeutung, daß die bloß rechtfertigenden Rechte im Sinne des BGB. „Rechte" sind.

[7]) Notwehrrecht, Einrederecht, Zurückbehaltungsrecht sind rechtfertigende Rechte, ohne Gestaltungsrechte zu sein.

Verhalten verlangt werden kann. Die anspruchbewehrten Rechte gehen nicht bloß auf Rechtswirkung, sondern auf Tatwirkung. Sie sind die **güterverteilenden** Rechte des bürgerlichen Rechts. Sie sprechen dem einen ein Lebensgut zu, sei es auf dem Gebiet des persönlichen, sei es auf dem Gebiet des wirtschaftlichen Daseins, um es dem anderen zu versagen. Sie sind unbefriedigt, sobald die Tatwirkung, um derentwillen das Recht besteht, nur durch das Mittel der Handlung eines gegnerisch Beteiligten (eines „anderen") verwirklicht werden kann. In demselben Augenblick erzeugen sie das Recht auf Befriedigung durch den anderen: den Anspruch. Sie sind anspruchbewehrte und zugleich anspruchsbedürftige (vollstreckungsbedürftige) Rechte. Durch das Mittel des Anspruchs beherrschen sie die Welt der privatrechtlichen Güter. Um dieser anspruchgeschützten Rechte willen ist die ganze Privatrechtsordnung, sind auch die rechtfertigenden Rechte da. Darum ziehen diese höher gearteten Rechte in der Regel die bloß rechtfertigenden Rechte als ihre Begleiterscheinung, als unselbständige, ihnen dienende Rechte an sich. Die **anspruchgeschützten** Rechte sind vor den anderen die Rechte des Privatrechts: sie sind **die Rechte im engeren Sinne**.

Durch den Anspruch gelangen die anspruchgeschützten Rechte zugleich zu bestimmter rechtlicher Gestaltung. Nicht jede einzelne dem Recht entspringende Berechtigung genießt einen besonderen Anspruchsschutz. Der Eigentümer hat unzählige „Rechte", z. B. über sein Grundstück zu gehen, zu fahren, zu reiten usf. Er hat aber keine diesen einzelnen Rechten als solchen entsprechenden Ansprüche, sondern nur den **Eigentumsanspruch**, durch welchen **alle** dem Eigentum entspringenden Rechte geschützt werden. Die Technik des Anspruchsschutzes beruht darauf, daß gewisse **Grundgestalten** der Leistungsansprüche und damit zugleich bestimmte **Grundgestalten der Rechte** geschaffen werden. Die unzähligen einzelnen Berechtigungen des Eigentümers werden zu unselbständigen, nämlich eines selbständigen Anspruchsschutzes darbenden „Rechten", zu bloßen Begleiterscheinungen eines einzigen anspruchgeschützten Rechts,

des Eigentums. Ebenso kristallisieren sich die „Rechte" des Pfand=
berechtigten zu Ausgestaltungen des einen anspruchgeschützten Pfand=
rechts, die „Rechte" des Käufers zu Erscheinungsformen des einen
anspruchgeschützten Forderungsrechts usw. Als „Rechtsinstitute",
d. h. als den Mittelpunkt eines Kreises von Rechtssätzen bildende
und durch diese Rechtssätze zu bestimmter Form entwickelte
Schöpfungen des Rechts erscheinen auf dem Gebiete des Privat=
rechts nur die selbständigen, d. h. die selbständig anspruch=
geschützten Rechte. Der Anspruchschutz (im römischen Recht die
actio) gibt den Privatrechten nicht bloß die Verwirklichung, sondern
ihre scharf ausgeprägte Gestalt. Das System der selbständig
anspruchgeschützten Rechte ist der Kern des Systems der Privatrechte.

III. Die anspruchgeschützten Rechte zerfallen in zwei große
Gruppen: die Rechte des Personenrechts und die Rechte des Ver=
mögensrechts.

Die Persönlichkeit ist ein Rechtsgut, aber kein Recht. Sie wird
mittelbar geschützt durch den Anspruchschutz aller erworbenen Rechte;
eines unmittelbaren Anspruchschutzes genießt sie nicht. Sie wird
unmittelbar nur geschützt nach Maßgabe des allgemeinen Rechts=
güterschutzes gegen schuldhafte Verletzung (823—826), nicht nach
Maßgabe des besonderen Rechtsschutzes (des Anspruchschutzes) gegen
jegliche Verletzung.

Aber die rechtlichen Eigenschaften der Person erzeugen
Rechte, die Rechte des Personenrechts: des Sonderpersonenrechts,
des Verbandspersonenrechts, des Familienrechts und des Erbrechts.
Diese Rechte sind teils rein personenrechtlichen (lediglich die Rechts=
stellung der Person zum Ausdruck bringenden)[8], teils güterrecht=
lichen Inhalts. Es gibt mitgliedschaftliches, eheliches, elterliches,
vormundschaftliches Güterrecht. Das Erbrecht ist Familiengüter=
recht von Todes wegen. Aus den güterrechtlichen Rechten können

---

[8]) Unter diesen Gesichtspunkt fällt auf dem Gebiete des Sonderpersonen=
rechts das Namenrecht, auf dem Gebiete des Verbandspersonenrechts das Mitglied=
schaftsrecht, auf dem Gebiete des Familienrechts die ehemännliche, elterliche,
vormundschaftliche Gewalt.

vermögensrechtliche Rechte (z. B. ein fertiges, fälliges Forderungs=
recht) hervorgehen⁹); aber die güterrechtlichen Rechte als solche,
z. B. das Nutznießungsrecht des Ehemanns am Frauengut, des
Vaters am Kindesgut ist personenrechtlicher Natur.

Das eigentümliche aller personenrechtlichen Rechte, mögen sie
rein personenrechtlicher oder güterrechtlicher Art sein, ist, daß sie
eine bestimmte persönliche Eigenschaft, sei es die als rechts=
fähiges Subjekt, sei es die als Mitglied, sei es die als Ehemann,
sei es die als Erbe u. s. f., geltendmachen, daß sie darum an dieser
persönlichen Eigenschaft ihres Trägers hängen, daß sie mit dieser
persönlichen Eigenschaft entstehen und vergehen¹⁰). Die Rechte des
Personenrechts, auch die güterrechtlichen Rechte, werden kraft
persönlicher Eigenschaften erworben und mit dem Verlust dieser
Eigenschaft verloren: sie sind von dieser Eigenschaft untrennbar.
Sie dulden keine Übertragung und sterben mit ihrem Träger¹¹).
Die Rechte des Personenrechts sind unveräußerlich und unvererblich.
Sie sind verkehrsunfähige Rechte.

Die Rechte des Vermögensrechts kennzeichnen sich dadurch, daß
sie von den persönlichen Eigenschaften des Berechtigten un=
abhängige privatrechtliche Befugnisse darstellen. Sie setzen nur
die allgemeine Rechtsfähigkeit ihres Trägers, d. h. die Persönlich=
keit überhaupt, voraus. Sie geben Vermögensmacht kraft eines
Tatbestandes des Verkehrslebens. Sie sind nicht verlierbar
mit der Ausschließung aus einem Verein noch mit der Beendigung
der Ehe oder der elterlichen Gewalt. Sie sind unabhängig von
persönlichen Erlebnissen und Eigenschaften ihres Trägers und ver=
mögen daher ihr Subjekt zu wechseln und zu überdauern. Sie sind
(im Grundsatz) veräußerliche und vererbliche Rechte. Sie sind
Gegenstände des verfügungsgeschäftlichen Verkehrs

---

⁹) Vgl. oben S. 8 Anm. 3.

¹⁰) So entsteht und vergeht die ehemännliche Nutznießung mit der Ehe, d. h.
mit der Eigenschaft als Ehemann. Sie macht diese Eigenschaft als solche geltend,
d. h. sie ist kein Vermögensrecht (kein Nießbrauchsrecht).

¹¹) Eine Ausnahme bilden, wie schon oft hervorgehoben, die übertragbaren
Mitgliedschaftsrechte.

und bedeuten in dieser ihrer Eigenschaft die „Gegenstände" des BGB. (oben S. 7. 21).

Dadurch treten unter den anspruchgeschützten Rechten die Vermögensrechte (Gegenstände) als die im Sinne des Privatrechts noch höher gearteten Rechte den Rechten des Personenrechts gegenüber. Sie fügen der rechtfertigenden Kraft nicht bloß den Anspruch, sondern überdies die Verkehrsfähigkeit hinzu. Diese letztere Tatsache (nicht der Geldwert oder Vermögenswert als solcher) ist es, welcher das Wesen des Vermögensrechts nach dem BGB. ausmacht (oben S. 23). Kraft dieser Tatsache sind die Vermögensrechte (dingliche Rechte, Immaterialgüterrechte, Forderungsrechte) die höchst entwickelten Privatrechte. Sie sind die wohlerworbenen und zugleich die (im Grundsatz) unsterblichen Rechte, deren Daseinskraft von persönlichen Verhältnissen nicht berührt wird, deren Inhalt durch die Verfügbarkeit ihrem Inhaber zu freiester Verwertung anheimgegeben ist. Sie sind Können, Vermögen im vollsten Sinne des Wortes. Sie gewähren alles, was ein Privatrecht zu gewähren imstande ist. Sie erscheinen daher im BGB. als die Rechte im engsten Sinne. Wiederholt werden sie schlechtweg als die Rechte bezeichnet. Der „Rechtserwerb" ist im BGB. der Erwerb von Vermögensrechten[12]), die „Rechtsnachfolge" eine Rechtsnachfolge in Vermögensrechte (oben § 6), die „Rechtsgemeinschaft" eine Gemeinschaft von Vermögensrechten (oben § 10), das Recht „am Recht" ein Recht an einem Vermögensrechte (oben § 13), der „Ertrag" eines „Rechtes" der Ertrag eines Vermögensrechts (oben § 14). Sie sind die Privatrechte besten Rechts, die „Rechte" vor allen anderen Rechten des bürgerlichen Gesetzbuchs[13]).

---

[12]) Vgl. oben § 6 Anm. 1.

[13]) Dadurch dürfte zugleich das Verständnis von 1940 gewonnen sein: durch Auflage verpflichtet der Erblasser den Bedachten, „ohne einem anderen ein Recht auf die Leistung zuzuwenden" (oben S. 83). Es besteht ein Anspruch auf Vollziehung für den Erben bezw. andere Personen, insbesondere die zuständige Behörde (2194), d. h. diese Personen haben ein anspruchgeschütztes Recht. Aber ihr Recht ist nicht vermögensrechtlicher, sondern personenrechtlicher Natur. Es ist kein Recht im engsten Sinne, kein Gegenstand, kein „Recht" vollkommenster Art, d. h. es ist kein Forderungsrecht. Der

Der Grund ihres Vorranges aber beruht darin, daß sie „Gegenstände" sind, Gegenstände des **verfügungsgeschäftlichen Verkehrs**.

Anspruch des Erben, der zuständigen Behörde ist seiner Art nach jeglicher Verfügung entzogen: er macht lediglich die Eigenschaft als Erbe, Miterbe usw. bezw. als zuständige Behörde, kein freies Vermögensrecht geltend. Nicht jeder Anspruch, auch nicht jeder persönliche Anspruch auf irgendwelche Handlung bedeutet ein Forderungsrecht (vgl. oben § 5 Anm. 18). Das Wesen eines Forderungsrechts ist, ein seiner Art nach (vgl. oben S. 21) verfügbares Recht (ein Gegenstand) zu sein. Das Forderungsrecht des BGB. ist kraft **dieser** seiner Eigenschaft ein Vermögensrecht. — In der Literatur ist streitig, ob der in 2194 bestimmte Anspruch eine „mehr formale Befugnis" oder ein Forderungsrecht sei (vgl. Strohal, Erbrecht 3. Aufl. Bd. 1 S. 38 Anm. 8). Die richtige Antwort ist nach dem vorigen, daß er einen personenrechtlichen Anspruch bedeutet.

Printed by Libri Plureos GmbH
in Hamburg, Germany